गाँधीवादी दर्शन :
नया विश्व, नए पड़ाव

गाँधीवादी दर्शन : नया विश्व, नए पड़ाव

डॉ० रवीन्द्र कुमार

Publications

कल्पाज़ पब्लिकेशंस

दिल्ली–110052

गाँधीवादी दर्शन : नया विश्व, नए पड़ाव

ISBN : 81 - 7835 - 669 - 4

कल्पाज़ पब्लिकेशंस
सी-30, सत्यवती नगर, नई दिल्ली-100052
ई-मेल : kalpaz@hotmail.com
लेज़र टाईप सैटिंग : M. Khurana
प्रिंटिंग : सिंगल प्रिन्ट मीडिया, दिल्ली।

कैंडिज सी० कार्टर

को

समर्पित

अनुक्रम

प्राक्कथन

'संघर्ष-समाधान' विषय पर एक लघु संगोष्ठी उत्तरी फ्लोरिडा विश्वविद्यालय, जैक्सनविल द्वारा गाँधी स्मृति समिति के सहयोग से आयोजित उस 'शान्ति-जागृति-सप्ताह' का एक भाग थी, जो सितम्बर, 2007 के अन्तिम और अक्टूबर, 2007 के प्रथम सप्ताह में फ्लोरिडा में मनाया गया। इस महत्त्वपूर्ण आयोजन में सौभाग्य से सम्मानित भारतीय शिक्षाशास्त्री, विद्वान और प्रशिक्षक डॉ० रवीन्द्र कुमार भी हमारे साथ थे। विश्वविद्यालय परिसर में अपनी उपस्थिति की अवधि में, साथ ही हमारे समुदाय के साथ सम्पर्क के दौरान, डॉ० रवीन्द्र कुमार ने महात्मा गाँधी के कार्यों एवं विचारों को केन्द्र में रखकर सात जन-व्याख्यान दिए।

डॉ० कुमार का प्रत्येक व्याख्यान अपने आप में महत्त्वपूर्ण तो है ही, साथ ही सात व्याख्यानों वाली इनकी सम्पूर्ण श्रृंखला महात्मा गाँधी के विचारों की गहराई में जाती है; यह उन्हें विस्तार प्रदान करती है तथा सुनने-पढ़ने वालों के समक्ष गाँधी के जीवन और उनकी शिक्षाओं के वास्तविक अर्थ को समझने की चुनौती भी प्रस्तुत करती है। डॉ० कुमार अपने व्याख्यानों द्वारा यह स्पष्ट करते हैं कि गाँधी का सन्देश सम्पूर्ण मानवता के लिए था, न केवल उनके लिए ही, जो औपनिवेशिक भारत की स्वाधीनता के लिए संघर्ष में संलग्न थे।

डॉ० रवीन्द्र कुमार ने गाँधी-दर्शन सम्बन्धी विभिन्न पहलुओं को अपने व्याख्यानों की परिधि में लिया है; इनमें प्रजातंत्र के समक्ष चुनौतियाँ एवं अन्तर्राष्ट्रीय समस्याओं-संघर्षों के समाधान प्रमुख हैं। डॉ० कुमार संसार भर के लोगों का गाँधी के सन्देश को गम्भीरता से अंगीकार करने

का आह्वान करते हैं; परिवर्तनार्थ अहिंसा व सत्याग्रह के मार्ग को अपनाने का अनुरोध करते हैं, क्योंकि इस मार्ग का अनुसरण करने से धैर्य के साथ दूसरों को सुनने और उन्हें समायोजित करने की इच्छा-शक्ति उत्पन्न होती है। ऐसा करने से गाँधीवादी सिद्धान्त के प्रति वास्तव में सफल प्रतिबद्धता भी रहती है।

डॉ० कुमार की फ्लोरिडा यात्रा के समय जो उनके सम्पर्क में रहकर उन्हें सुन सके, वे निश्चिततः ज्ञान-लाभ ले सके हैं। अब डॉ० कुमार के व्याख्यानों का 'गाँधीवादी दर्शनः नया विश्व, नए पड़ाव' शीर्षक से एक पुस्तक में प्रकाशन होने पर, बड़ी संख्या में पाठक लाभान्वित होंगे। मुझे विश्वास है कि वे इस पुस्तक के माध्यम से शान्ति की खोज के अपने कार्य को आगे बढ़ाएँगे।

जैक्सनविल, फ्लोरिडा,
संयुक्त राज्य अमरीका

जॉन ए० डेलने, कुलपति,
उत्तरी फ्लोरिडा विश्वविद्यालय

अपनी बात

भारत के स्वाधीनता आन्दोलन में महात्मा गाँधी की भूमिका और योगदान असाधारण, अद्वितीय और उल्लेखनीय रहा है। भारत के स्वतंत्रता आन्दोलन के सम्पूर्ण घटनाक्रम से परिचित लोग जानते हैं कि महात्मा गाँधी ने करोड़ों देशवासियों को अहिंसा के बल पर जागृत किया; भारतवासियों को स्वाधीनता का मूल्य समझाते हुए सत्याग्रह रूपी ऐसा अचूक अस्त्र प्रदान किया, जो उनकी शताब्दियों की पराधीनता की बेड़ियों को काटने में सक्षम था। करोड़ों की संख्या में भारतीयजन आगे आए और अन्ततः वर्ष 1947 में भारत अंग्रेजी साम्राज्य की दासता से मुक्त हुआ।

यहाँ एक महत्त्वपूर्ण बात मेरे मस्तिष्क में बराबर उभरती है और वह यह कि क्या भारत की राजनीतिक स्वाधीनता ही गाँधीजी के जीवन का लक्ष्य था? क्या, जैसा कि अनेक अन्य भी सोचते हैं, अंग्रेजी साम्राज्य से भारत की मुक्ति ही महात्मा गाँधी का स्वप्न था? यह ऐसा प्रश्न है जिसका उत्तर ढूँढ़ना चाहिए, क्योंकि उक्त सन्दर्भ में लोगों का सोचना स्वाभाविक है। ऐसा इसलिए है, क्योंकि अपने जीवन का अधिकांश समय गाँधीजी ने अपने देश को स्वाधीन कराने में लगाया; 1917 व 1942 के मध्य की 25 वर्षों की अवधि में उन्होंने इसी उद्देश्य हेतु निरन्तर अहिंसक संघर्ष छेड़े। इसके अतिरिक्त, दस वर्षों से भी अधिक का समय उन्होंने साम्राज्यवादियों के विभिन्न कारागारों में व्यतीत किए।

निश्चिततः, इस प्रकार, महात्मा गाँधी के जीवन का प्रथम उद्देश्य भारत की स्वाधीनता ही दृष्टिगोचर होती है, और, वास्तव में, वही थी भी। इसमें कोई सन्देह नहीं हैं। लेकिन, इसके बावजूद, यह कार्य ही उनके

जीवन का एकमात्र उद्‌देश्य नहीं था। यदि ऐसा होता, तो वे संसारभर में करोड़ोंजन के लिए आशा की किरण कैसे बनते? वे मार्टिन लूथर किंग जूनियर, नेल्सन मंडेला, निनॉय एक्विनो, बिश्वेश्वर प्रसाद कोइराला तथा कई दूसरे महान व्यक्तियों के लिए आदर्श कैसे बनते? आज भी थाईलैण्ड जैसे देश में वे उन हजारोंजन के लिए, जो उनके चित्रों को हाथों में थामकर बैंकाक की सड़को पर प्रजातंत्र की माँग के साथ प्रदर्शन करते हैं, प्रेरणा-स्रोत हैं। इससे भली-भाँति सिद्ध होता है कि महात्मा गाँधी का जीवन, उनके कार्य तथा विचार सम्पूर्ण मानवता के कल्याण को समर्पित थे; उनके द्वारा दिखाया गया मार्ग अथवा उनके द्वारा की गईं सक्रिय कार्यवाहियाँ सारे संसार के लिए थीं, और भारत की स्वाधीनता उनके मार्ग का एक पड़ाव मात्र था। इसीलिए, जो लोग भारत की स्वतंत्रता को गाँधीजी के जीवन, कार्यों अथवा विचारों का एकमात्र उद्‌देश्य समझते हैं, उन्हें निश्चिततः पुनर्विचार करना चाहिए। गाँधीजी के दर्शन व कार्यों से, जो 'मानवीय जीवन की एकता' को समर्पित हैं, भली-भाँति उन्हें परिचित होना चाहिए, तथा यह समझना चाहिए कि 'मानवीय जीवन की एकता' का उनका सिद्धान्त ऐसी समन्वयात्मक समग्रता की परिधि में है, जिसका न तो सामाजिक, राजनीतिक, नैतिक अथवा धार्मिक क्षेत्रों में तथा न ही व्यक्तिगत या सामूहिक, अथवा स्थानीय या अन्तर्राष्ट्रीय स्तरों पर विभाजन किया जा सकता है।

2

लगभग दो हजार पाँच सौ वर्ष पूर्व भारतीय उपमहाद्वीप में सर्वप्रथम महात्मा गौतम बुद्ध ने 'परिवर्तन के नियम' की सत्यता पर बल देते हुए, उन समस्त बन्धनों से मुक्त होने का आम और खास सभी का आह्वान किया, जो उन्हें विभिन्न क्षेत्रों तथा स्तरों पर दासता की परिधि में लाने

वाले थे। उन्होंने जनता को अपनी समस्याओं से मुक्त होने का श्रेष्ठ मार्ग सुझाया और समानता, सम्पन्नता तथा शान्ति पर आधारित जीवन जीने का उनका आह्वान किया। इसी के साथ, उन्होंने स्पष्ट किया कि जो कुछ वे कह रहे हैं वह भी 'परिवर्तन के नियम' से बाहर नहीं है; 'परिवर्तन का नियम' शाश्वत है तथा संसार में कुछ भी इसका अपवाद नहीं है। इसका अभिप्राय यह भी था कि मानव-कल्याण के लिए उनके सुझाव व निर्देश, अपने समय में सर्वश्रेष्ठ रहने के बावजूद भी, आने वाले काल में उसी प्रकार शत-प्रतिशत लागू नहीं हो सकते। बुद्ध-मार्ग, शिक्षाएँ और सुझाव वर्तमान में भी प्रेरणा का स्रोत हो सकते हैं, लेकिन तभी जब उन्हें देश-काल की परिवर्तित परिस्थितियों के अनुरूप ही अपनाया जाए। यही बुद्ध-मार्ग की श्रेष्ठता है; इसी के बल पर गौतम बुद्ध 'एशिया के महाप्रकाश' स्वीकारे गए।

शाक्यमुनि गौतम के बाद वे महात्मा गाँधी ही थे, जिन्होंने सम्पूर्ण मानव-इतिहास में पहली बार अपनी अहिंसक जन-कार्यवाहियों के माध्यम से जनता को ऐसा अद्वितीय मार्ग दिखाया, जो कल्याणकारी, श्रेष्ठ और अनुकरणीय होने के साथ ही, करोड़ोंजन के लिए प्रेरणामय सिद्ध हुआ। यदि आज भी, अथवा आने वाले किसी समय में, उसे संसार के किसी भी भाग में, किसी भी क्षेत्र में या स्तर पर, देश-काल की परिस्थितियों की माँग के अनुरूप अपनाया जाए, तो वह आशानुरूप सुखद परिणाम लाने में सक्षम है। अपने इसी मार्ग के बल पर मोहनदास करमचन्द गाँधी 'महात्मा' के पद पर प्रतिष्ठित हुए; संसारभर में लोग एक ओर उनका हृदय से सम्मान करते हैं, तो दूसरी ओर उनके कार्यों को जानने की जिज्ञासा रखते हैं। इतना ही नहीं, गाँधी के मार्ग के माध्यम से अनेकजन जीवन के विभिन्न क्षेत्रों और स्तरों पर प्रकट होने वाली समस्याओं से मुक्त होने का प्रयास भी करते हैं।

'गाँधीवादी दर्शनः नया विश्व, नए पड़ाव', शीर्षक से तैयार की गई इस पाण्डुलिपि में महात्मा गाँधी के जीवन, कार्यों व विचारों से सम्बद्ध मेरे वे सात व्याख्यान सम्मिलित हैं, जो मैंने अक्टूबर, 2007 में उत्तरी फ्लोरिडा विश्वविद्यालय, जैक्सनविल, संयुक्त राज्य अमरीका में दिए। मुझे आशा है कि प्रकाशनोपरान्त गाँधीजी और उनके विचारों में रुचि रखने वालों के लिए यह उपयोगी सिद्ध होगी।

मेरठ (उत्तर प्रदेश) **—रवीन्द्र कुमार**

30 जनवरी, 2008

1

सत्याग्रह, संघर्ष-रूपान्तरण और शान्ति की संस्कृति

"सत्याग्रह एक धर्मयुद्ध है तथा यह सीधी कार्यवाही का सबसे शक्तिशाली ढंग है; यह वह शक्ति है, जो (यद्यपि) खामोशी से तथा प्रकटतः धीमी गति से कार्य करती है, (लेकिन) वास्तव में, विश्व में इसके अतिरिक्त कोई ऐसी दूसरी शक्ति नहीं है, जो कार्यवाही में इतनी द्रुतगामी अथवा सीधी हो; सत्याग्रह प्रकट अथवा अप्रकट, सभी प्रकार की हिंसा का, वह मन, वचन अथवा कर्म से किसी भी प्रकार की हो, निषेध करता है।"

—***महात्मा गाँधी***

सत्याग्रह, सत्याग्रही और सत्याग्रह की शक्ति

महात्मा गाँधी के जीवन और कार्यों की जानकारी रखने वाले यह जानते हैं कि उन्नीसवीं शताब्दी के अन्तिम दशक में दक्षिणी अफ्रीका में बसे उन भारतीयों के लिए संघर्ष करने हेतु चिन्तित थे, जो वहाँ अनेक सामाजिक, राजनीतिक और आर्थिक अन्यायों के शिकार थे। इसलिए उन्होंने अपने को एक ऐसे तकनीकी-युक्त प्रतिरोध के ढंग की खोज में जगाया, जो प्रवासी भारतीयों को अन्याय-मुक्त कर सके; लेकिन, साथ-ही-साथ प्रयुक्त होने वाली वह तकनीकी पूर्णतः मूल नैतिक सिद्धान्तों की परिधि में भी हो।

परिणामस्वरूप, इस प्रकार, सर्वप्रथम दक्षिणी अफ्रीका में उन्नीसवीं शताब्दी के अन्तिम दशक और बीसवीं शताब्दी के पहले दो दशकों में उनके द्वारा किए गए प्रयोग, और फिर बड़े पैमाने पर भारत में 1917 और 1942 के मध्य की अवधि में, चम्पारन से भारत छोड़ो तक की वे समस्त कार्यवाहियाँ, जो उन्होंने अनेक सामाजिक, राजनीतिक और आर्थिक अन्यायों की समाप्ति के लिए, साथ ही सत्य, सम्मान और न्याय की स्थापना के लिए समय-समय पर कीं, वे निष्क्रिय प्रतिरोध, असहयोग, सविनय अवज्ञा अथवा नमक आन्दोलन आदि नामों से पुकारी गईं। लेकिन इन सभी नामों से महात्मा गाँधी सन्तुष्ट नहीं थे, क्योंकि इनसे उनके प्रतिरोधों का आध्यात्मिक और नैतिक पक्ष उजागर होता नहीं जान पड़ता था। इसीलिए, उन्होंने उन्हें सत्याग्रह नाम दिया, जिसका अर्थ होता है, 'सत्य की खोज'।

महात्मा गाँधी के लिए सत्याग्रह विश्रामरहित सत्य की खोज है, और सत्य तक पहुँचने का दृढ़-निश्चय है।[1]

व्यवहार में, सत्याग्रह महात्मा गाँधी का वह अहिंसक संघर्ष भी है, जिसे सम्पूर्ण मानव-इतिहास में किसी व्यक्ति द्वारा किए गए सबसे अधिक साहसिक तथा यशस्वी प्रयोग माना जा सकता है।

सामान्यतः न्यायसंगत रूप में यह उस व्यक्ति द्वारा किया जा सकता है, जो विधि-स्थापित सत्ता का आदर करता है, तथा विपरीत स्थिति में भी कानून का पालन करता है; लेकिन जिस कानून को वह बुरा और अनैतिक मानता है, उसका पालन करने से वह मना करता है, और इस प्रकार ऐसे कानून को भंग करने पर सत्याग्रही अपने कथित अपराध के लिए अधिकाधिक कठोर दण्ड को स्वीकार कर अन्ततः विधि-स्थापित सत्ता का आदर करता है। वह कानून का सम्मान करता है, लेकिन उसके बुरे व अन्यायी अंशों के प्रति अपना असहयोग प्रकट करता है।

सत्याग्रह, महात्मा गाँधी के अनुसार, अस्तित्व एवं उन्नति के लिए आवश्यक एवं मूल मान्यताओं (मूल्यों), जैसे कि परस्पर प्रेम, समझ तथा सहयोग पर आधारित होना चाहिए। ऐसा इसलिए, क्योंकि इन्हीं मूल मूल्यों में ईमानदारी, समादर और आत्म-नियंत्रण भी समाहित है; ये ही मूल्य सत्याग्रह के समय आवश्यक अत्यधिक धैर्य, उच्चतम विश्वास और बड़ी-से-बड़ी अवमानना सहन करने की

इच्छा-शक्ति उत्पन्न करते हैं। सत्याग्रह के मार्ग में सभी भाई-भाई हैं; सत्य की खोज में किसी के प्रति दुर्भावना अथवा घृणा को कोई स्थान नहीं है। सत्याग्रह शारीरिक संघर्ष के विचार को पूर्णतः नकारता है। यह पूर्व-नियोजित भी नहीं होना चाहिए, क्योंकि महात्मा गाँधी का मानना रहा है कि जो संघर्ष पूर्व-नियोजित हो, वह सच्चा संघर्ष हो ही नहीं सकता।

महात्मा गाँधी की स्वीकारोक्ति है, "सत्याग्रह एक धर्मयुद्ध है तथा यह सीधी कार्यवाही का सबसे शक्तिशाली ढंग है;[2] यह वह शक्ति है, जो (यद्यपि) खामोशी से तथा प्रकटतः धीमी गति से कार्य करती है, (लेकिन) वास्तव में, विश्व में इसके अतिरिक्त कोई ऐसी दूसरी शक्ति नहीं है, जो कार्यवाही में इतनी द्रुतगामी अथवा सीधी हो;[3] सत्याग्रह प्रकट अथवा अप्रकट, सभी प्रकार की हिंसा का, वह मन, वचन अथवा कर्म से किसी भी प्रकार की हो, निषेध करता है।"[4]

सत्य-अहिंसा के लिए कटिबद्ध कोई व्यक्ति सत्याग्रह द्वारा समस्त संसार को भी अपने कदमों में ला सकता है, क्योंकि वह सत्य को अपने आदर्श एवं जीवन के मार्ग के रूप में स्वीकार करता है। और, निश्चिततः वह भी सत्याग्रह की शक्ति ही थी, जिसके बल पर गाँधी दक्षिणी अफ्रीका में 'काले कानून' और अन्याय के प्रतीक 'प्रवासी अधिनियम' को रद्द करा सके; साथ ही प्रत्येक भारतीय और एशियाई पर थोपे गए तीन पाउन्ड के (वार्षिक) कर को हटवाने में वे सफल हो सके।

सत्याग्रह की शक्ति के सम्बन्ध में महात्मा गाँधी ने जो दावा किया, वह पुनः स्वयं उनके द्वारा भारत की स्वतंत्रता के लिए प्रारम्भ किए गए विभिन्न (अहिंसक) सत्याग्रहों में भली-भाँति सत्य सिद्ध हुआ; सत्याग्रहों के बल पर ही वे जनता को एकताबद्ध करते हुए व सामूहिक जीवन जीने की सीख देने के साथ भारत को एक राष्ट्र के रूप में स्थापित कर सके, और अपने देशवासियों को सैकड़ों वर्ष पुरानी परतंत्रता से मुक्त कराकर स्वतंत्रता के द्वार पर ले जा सके।

अहिंसा-सत्याग्रह का साधन

अहिंसा, जो कि पूर्णतः हिंसा के विपरीत की स्थिति है, और जो प्रेम तथा सहयोग सहित समस्त मानवीय मूल्यों का स्रोत है, जो उसी सिक्के का एक पहलू है, जिसका दूसरा पहलू सत्य है, सत्याग्रह का आधार है। अहिंसा और सत्याग्रह, इस प्रकार, एक ही सिक्के के दो पहलू हैं, और महात्मा गाँधी के अनुसारः

"उन्हें एक-दूसरे से मुक्त और पृथक करना असम्भव है। वास्तव में वे दोनों चिह्नमुक्त और महीन पिसी हुई धातु-निर्मित एक प्लेट है; उस प्लेट के सम्बन्ध में कोई यह नहीं बता सकता कि उसका सीधा पक्ष कौन-सा है, तथा उलटा पक्ष कौन-सा है? तथापि, अहिंसा साधन है, जबकि सत्य साध्य है।"[5]

सत्याग्रही

सत्य की खोज करने वाले-सत्याग्रही को विनम्र होना ही चाहिए। सत्य किसी एक की बपौती नहीं है; इसमें 'मेरे'-'तेरे' को स्थान नहीं

है, तथा यह किसी सीमा में बँधा हुआ भी नहीं है। इसलिए, जैसा कि महात्मा गाँधी कहते हैं, "सत्याग्रह के मार्ग पर प्रस्थान करने से पूर्व सत्याग्रही दूसरे समस्त साधनों को तिलांजलि दे देता है।"[6]

और, "वह, इसलिए, निरन्तर और विशेषतः स्थापित सत्ता के पास जाने का मार्ग लेगा, वह जनमत से अनुरोध करेगा, जनमत को शिक्षित करेगा; जो उसके पक्ष को सुनने के इच्छुक होंगे, उन सभी के समक्ष अपने पक्ष को वह शान्ति तथा सद्‌भावना के साथ प्रस्तुत करेगा, और जब ये समस्त प्रयास विफल हो जाएँगे, वह तभी सत्याग्रह का मार्ग लेगा। लेकिन जब अपने भीतर से उठी प्रेरक पुकार के बाद वह सत्याग्रह प्रारम्भ कर देगा, तब वह उसमें अपने को खपा लेगा, तथा उसके पग पीछे हटने का प्रश्न ही नहीं रहेगा।"[7]

संघर्ष का सहयोग में रूपान्तरण

मानव-समाज में, सहयोग की ही भाँति संघर्षों की स्थिति भी अपरिहार्य है। दिन-प्रतिदिन की मानवीय गतिविधियों में ऐसा होना स्वाभाविक है। ऐसी स्थिति हजारों वर्षों से निरन्तर रही है; प्राचीन, मध्यकालीन और समकालीन इतिहास के पृष्ठ हमारे समक्ष हैं, जिनसे इस सत्यता की पुष्टि होती है। ऐसा क्यों है? संघर्ष की स्थिति क्यों उत्पन्न होती है?

वास्तव में, सहयोग, जो मानव-स्वभाव में स्थाई रूप से उपस्थित और शाश्वत मूल्य अहिंसा की परिधि में है तथा साथ ही इसकी एक

पूरक मान्यता भी है, के बावजूद, मनुष्य की दो अस्थायी प्रवृत्तियाँ-ईर्ष्या व प्रतिस्पर्धा-के कारण स्वार्थ, क्षुधा और तृष्णा जैसी भावना का सदा से ही उसमें विकास होता रहा है; अपनी इच्छाओं की पूर्ति के लिए वह दूसरों का स्वामी बनने का प्रयास करता रहा है; परिणामस्वरूप सामाजिक, राजनीतिक अथवा आर्थिक क्षेत्रों में, विभिन्न स्तरों पर, संघर्ष की स्थिति उत्पन्न होती रही है। यह बात समान रूप में समुदाय, समाज अथवा राष्ट्र के सम्बन्ध में भी लागू होती है। हम जानते हैं कि समुदाय, समाज अथवा राष्ट्र व्यक्तियों से ही निर्मित होते हैं। अतः जो मनुष्य के सम्बन्ध में सत्य है, वही समुदाय, समाज अथवा राष्ट्र के सम्बन्ध में भी सत्य है।

लेकिन, यह सहयोग ही है, जो अन्ततः संघर्ष पर विजय प्राप्त करता है, और वह भी व्यक्तिगत स्तर पर ही नहीं, अपितु सामुदायिक, सामाजिक और राष्ट्रीय स्तर पर भी। दूसरे शब्दों में, हम कह सकते हैं कि सदा ही सघर्षों का रूपान्तर सहयोग में हुआ है। यदि ऐसा नहीं हुआ होता, तो जो अभूतपूर्व विकास मनुष्य और मनुष्यकृत संस्थाओं द्वारा जीवन के विभिन्न क्षेत्रों में किया गया है, वह कदापि सम्भव नहीं हुआ होता।

यह कहा जाता है कि अपनी प्रारम्भिक अवस्था में मनुष्य जंगली जानवर की ही भाँति था। वह पूर्णतः अविकसित स्थिति में था। अन्यों के साथ वह इधर-उधर भटकता रहता था। अपने पेट की भूख को शान्त करने के लिए मनुष्य एक-दूसरे को मारकर खा जाते थे।

सामान्यतः वे स्वयं जंगली जानवरों का शिकार बन जाते थे। ऐसी स्थिति में उनके अस्तित्व पर प्रश्नचिह्न था। इसलिए इस स्थिति में परिवर्तन हुआ, और इस परिवर्तन के मूल में मनुष्य के मस्तिष्क में अपने अस्तित्व की सुरक्षा के सम्बन्ध में उठा विचार था। परिणामस्वरूप, एक-दूसरे को मारकर खाने की अपेक्षा मनुष्यों ने पशुओं को मारकर खाना प्रारम्भ किया। लेकिन तब भी उनका अस्तित्व सुरक्षित नहीं हो सका। जैसे ही मनुष्य के मस्तिष्क में पनपा विचार कुछ परिपक्व हुआ, तो उसमें सामूहिकता की भावना विकसित हुई। इधर-उधर भटकने के बजाए मनुष्यों ने एक स्थान पर ही बस जाना तय किया। निश्चिततः, ऐसा करने से, उन्हें जंगली जानवरों के आक्रमणों से सुरक्षा मिली। यदि कोई जानवर अथवा जानवर-समूह किसी मनुष्य या मनुष्य-समूह पर आक्रमण करता, तो एक ही स्थान पर बसे मनुष्य सामूहिक रूप से जानवर अथवा जानवर-समूह के आक्रमण का प्रतिकार करते। यह, निस्सन्देह, सहयोग-भावना थी, जो उन्हें अपनी सुरक्षार्थ सामूहिक रूप से आगे बढ़ने को प्रेरित कर सकी।

एक समय तक यही स्थिति रही; लेकिन मनुष्य के चिन्तन में विकास के साथ इसे भी एक नया पड़ाव प्राप्त हुआ। जंगली जानवरों को मारने और उनके मांस से अपने पेट की भूख को शान्त करने के स्थान पर मनुष्य ने उन्हें पालना प्रारम्भ किया। ऐसा करने से उसे दो अद्वितीय लाभ प्राप्त हुए। प्रथम लाभ था अमृत समान दूध की प्राप्ति; एवं द्वितीयः पालतू जानवर कृषि-कार्यों में उसके अत्यधिक सहायक

सिद्ध हुए। साथ-ही-साथ, उनमें से कई तो उन दिनों में परिवहन के श्रेष्ठ साधन सिद्ध हुए।

यह स्वाभाविक था कि पशुओं को घरों में पाले जाने तथा कृषि सहित अन्य क्षेत्रों में उनके उपयोग से उनके वध में निरन्तर कमी आई। मांस के बजाए, कृषि-उत्पाद मनुष्य के मुख्य दैनिक आहार बन गए। समय-समय पर अनेक अन्य परिवर्तन भी इस दिशा में हुए, और यदि हम उन सबकी सूचना चाहते हों, तो निश्चिततः हमें मनुष्य की लम्बी ऐतिहासिक यात्रा का विश्लेषण करना पड़ेगा। लेकिन, जो संक्षेप में मैं यहाँ कहने की स्थिति में हूँ, वह यह कि हमारे समक्ष जो स्थिति अन्तिम रूप से आज है, वह केवल संघर्ष पर सहयोग की विजय के कारण ही है।

मैंने बताया है कि अपने अस्तित्व की सुरक्षा की प्रक्रिया में व्यस्त मनुष्यों के मस्तिष्क में विकासवादी विचार जागृत हुए; परिणामस्वरूप, उनमें सामूहिकता की भावना उदित हुई। मैंने यह भी कहा है कि एक साथ किसी विशेष स्थान पर बसने से उन्होंने इधर-उधर भटकना त्याग दिया। अब मैं इस सन्दर्भ में बलपूर्वक कहना चाहूँगा कि इसी विकास की प्रक्रिया की निरन्तरता, और संघर्षों पर सहयोग की विजय के कारण कबीले, परिवार, ग्राम, कसबे, नगर तथा समस्त सुविधाओं से सम्पन्न महानगर भी इस प्रगति का भाग बने हैं।

परिवर्तन की प्रक्रिया, जिसके अन्तर्गत सर्वप्रथम मनुष्य ने अपने अस्तित्व की सुरक्षा सुनिश्चित की तथा अन्य पशुओं से मित्रता

स्थापित की; तदोपरान्त कभी समाप्त न होने वाली विकास-प्रक्रिया से गुजरते हुए वह लक्ष्य-प्राप्ति की ओर बढ़ चला, यह सिद्ध करती है कि संघर्षों को जन्म देने वाली अस्थाई प्रवृत्तियों के बावजूद भी, मानवीय एकता का स्रोत सहयोग अहिंसा के संरक्षणत्व में मानव-स्वभाव में स्थाई रूप से है। ऐसा नहीं होता, तो वह सामूहिकता की परिधि में कदापि नहीं आता। यदि वह जीवन में सामूहिकता को नहीं अपनाता, तो विकास अथवा लक्ष्य-प्राप्ति की बात तो एक ओर रही, वह अपना अस्तित्व ही सुरक्षित नहीं रख पाता, और परिणामस्वरूप, जैसा कि महात्मा गाँधी ने भी माना है, "युगों पूर्व ही मानवता ने स्वयं अपना अस्तित्व खो दिया होता।"[8]

हम संघर्षों पर सहयोग की विजय, अथवा संघर्षों के सहयोग में रूपान्तरण की चर्चा कर रहे थे। इस सन्दर्भ में, हमें अपने मस्तिष्क में यह बात भी बैठाकर रखनी चाहिए कि नैतिकता, जो अहिंसा की एक प्रमुख सहायक मान्यता होने के साथ ही सभ्यता के तीन प्रमुख मूलाधारों[9] में से भी एक है, प्राचीनकाल से ही मनुष्य के सामाजिक व्यवहारों में स्थापित रही है;[10] तथा जैसा कि जे० बी० कृपलानी ने उचित ही कहा है, राजनीतिक नैतिकता की तुलना में सामाजिक नैतिकता बहुत अधिक प्रगतिशील रही है। विशेषकर, समूहगत नैतिकता विकसित रही है; और इसने सामाजिक जीवन में संघर्षों के सहयोग में रूपान्तर की प्रक्रिया में अति महत्त्वपूर्ण भूमिका का निर्वाह किया है। आज भी परस्पर विश्वास, सहयोग अथवा अहिंसा पर

आधारित सामाजिक जीवन एवं व्यवहारों में स्वार्थ, क्षुधा अथवा तृष्णा के कारण हम भले ही नैतिकता की अवहेलना करें, परन्तु फिर भी जो इसका पालन करते हैं, उनकी प्रशंसा हम अवश्य करते हैं।

राजनीतिक क्षेत्र में यह स्थिति एकदम विपरीत रही है। यहाँ नैतिकता की कमी के कारण (आर्थिक प्राप्ति की कामना सहित) स्वार्थ सिद्धि, अविश्वास एवं घृणा परिस्थितियों को अत्यधिक गम्भीर और जटिल बनाने के साथ ही संघर्षों को जन्म देती है; परिणामस्वरूप यह अनेक बार गम्भीर प्रकृति वाली हिंसा और युद्ध का मार्ग प्रशस्त करती है, जहाँ शक्ति ही निर्धारक बनती है, जहाँ जंगली कानून का शासन होता है, जहाँ वर्ग और राष्ट्र सम्बन्धों के संचालन में एक-दूसरे को अपना राजनीतिक शत्रु मानते हैं। वहाँ किसी अन्य के लिए बलिदानार्थ कोई आगे नहीं आता, जबकि सामाजिक जीवन में अनेक अवसरों पर अपने नीजि स्वार्थों को तिलांजलि देकर लोग बलिदान के लिए आगे बढ़ते हैं।

अब प्रश्न यह उठता है कि क्या सामाजिक जीवन की भाँति राजनीतिक क्षेत्र में भी, नैतिकता की कमी के बावजूद, संघर्षों का सहयोग में रूपान्तरण नहीं किया जा सकता? क्या हम राजनीतिक क्षेत्र में शान्ति की संस्कृति उत्पन्न नहीं कर सकते? निश्चिततः हम ऐसा कर सकते हैं। सम्पूर्ण मानव-इतिहास के पृष्ठों में उदाहरण हैं, जो स्पष्ट करते हैं कि समय-समय पर महान व्यक्तियों ने इस दिशा में कार्य किए हैं;[11] और बीसवीं शताब्दी का महात्मा गाँधी का

उदाहरण तो एकदम ताजा ही है। महात्मा गाँधी ने राजनीतिक और आर्थिक क्षेत्रों को नैतिकता से परिपूर्ण करने का जनता का आह्वान किया, ताकि स्थानीय से लेकर राष्ट्रीय-अन्तर्राष्ट्रीय स्तर तक के संघर्षों को सहयोग में रूपान्तरित किया जा सके और एक स्वस्थ वातावरण टिकाऊ शान्ति की संस्कृति के निर्माणार्थ बनाया जा सके।

हम जानते हैं कि महात्मा गाँधी राजनीतिक एवं आर्थिक क्षेत्रों में भी, सामाजिक जीवन की ही भाँति, निष्कपट सहयोग और अहिंसा के प्रयोगार्थ दृढ़ रहे थे। उनके इस सम्बन्ध में विचार और व्यवहार आज भी हमारा मार्गदर्शन करने में पूर्णतः सक्षम हैं; उनके द्वारा प्रदत्त सत्याग्रह-रूपी अस्त्र, जिसके अर्थ और शक्ति की चर्चा मैं प्रारम्भ में ही कर चुका हूँ, आज पहले की अपेक्षा कहीं अधिक सक्षम है। वह किसी भी प्रकार के अन्याय की समाप्ति और शान्ति की टिकाऊ संस्कृति के निर्माणार्थ वैश्वीकरण के इन दिनों में प्रासंगिक है, विशेषकर तब, जब अपने सामान्य हितों के लिए विश्व के लोग निरन्तर एक-दूसरे के निकट सम्पर्क में आ रहे हैं। लेकिन, विशेष बात जो ध्यान में रखनी चाहिए, वह यह कि महात्मा गाँधी के विचारों और व्यवहारों की सार्थकता की सिद्धि के लिए उनका ईमानदारी से परिवर्तित समय व स्थान की माँग के अनुरूप लागू किया जाना ही है।

शान्ति की संस्कृति का मार्ग

वास्तव में, वैदिक सिद्धान्त, "सम्पूर्ण जीवन एक ही है",[12] तथा ईसाई मान्यता, "हम एक दूसरे के पूरक हैं",[13] से प्रभावित महात्मा

गाँधी मानव-जीवन और समाज को एक प्रकार से आंगिक मानते हैं। मानव-जीवन को व्यक्तिगत और समूहगत, सामाजिक, राजनीति और आर्थिक क्षेत्रों में इस प्रकार विभाजित नहीं किया जा सकता कि वे एक-दूसरे से पूर्णतः पृथक हो जाएँ।[14] गाँधीजी ने समस्त प्राणियों को एक ही ईश्वर की उत्पत्ति स्वीकार किया, तथा ईश्वर को एकता का आधार बनाते हुए कहाः

"मनुष्य को निष्ठापूर्वक ईश्वर की समस्त उत्पत्ति के भले की इच्छा रखनी चाहिए तथा यह प्रार्थना करनी चाहिए कि ऐसा करने की शक्ति उसे प्राप्त हो। सभी की भलाई की कामना में ही स्वयं अपना भी कल्याण निहित है; जो केवल व्यक्तिगत अथवा अपने समूह के कल्याण की ही कामना करता है, वह स्वार्थी है, तथा उसका भला कभी नहीं हो सकता।"[15]

जो कुछ सामाजिक व्यवहारों में उचित है, वह राजनीतिक एवं आर्थिक सम्बन्धों में भी उचित है; यदि नैतिकता और सदाचार सामाजिक क्षेत्र में कल्याणकारी है, तो वे समान रूप में दूसरे क्षेत्रों में भी कल्याणकारी हैं। हमारी समस्या यह है कि हम अहिंसा और इसकी पूरक मान्यताओं के प्रयोग के सम्बन्ध में, विशेषकर इनके राजनीतिक क्षेत्र में प्रयोग के समय, दोहरा मानदण्ड अपनाते हैं। निश्चिततः हम ऐसे में मानव-जीवन की एकता के सिद्धान्त को भूल जाते हैं; हम महात्मा गाँधी के उस सन्देश की अनदेखी करते हैं, जिसमें उन्होंने कहा है:

"आप जीवन को सामाजिक, राजनीतिक, आर्थिक अथवा विशुद्ध धार्मिक क्षेत्रों में इस प्रकार विभाजित नहीं कर सकते कि उनका आपस में एक-दूसरे से कोई सम्पर्क ही न रहे। मानवीय गतिविधि के अतिरिक्त मैं किसी अन्य धर्म को नहीं जानता हूँ। यह (तब) उन अन्य समस्त गतिविधियों को नैतिक आधार प्रदान करती है, जो भिन्न परिस्थितियों में कमजोर पड़ जाती हैं, और (परिणामस्वरूप) जीवन ध्वनि और आवेश की भूल-भुलैया में खोकर निरर्थक बन जाता है।"[16]

हम सामाजिक क्षेत्र की समस्याओं को अहिंसा और अन्य अहिंसक गतिविधियों के माध्यम से सुलझाने का प्रयास करते हैं। इस क्षेत्र में हम नैतिकता की राह लेने का प्रयास करते हैं, तथा इस हेतु सहयोग के लिए आगे आते हैं। लेकिन अन्य क्षेत्रों में, जैसा कि कहा है, विशेषकर राजनीतिक क्षेत्र में, हम दूसरी तरह की बात करते हैं। स्थिति तब अधिक जटिल बन जाती है, जब कोई समस्या अन्तर्राष्ट्रीय राजनीति से सम्बद्ध हो। ऐसे में संलग्न पक्ष हिंसा के माध्यम से समाधान की बात करते हैं, अथवा युद्ध-समान संघर्ष में लिप्त होकर यह भूल जाते हैं कि संघर्ष अथवा युद्ध द्वारा किसी भी समस्या का कोई स्थाई और शान्तिमय समाधान नहीं होता। विपरीत इसके, कई बार पूर्ववर्ती संघर्ष, यदि उनका समाधान हिंसा के बल पर किया गया हो, जटिल प्रकृति के नए संघर्षों को जन्म देते हैं। द्वितीय विश्वयुद्ध का उदाहरण इस वास्तविकता को प्रकट करने के लिए हमारे समक्ष है।

जैसा कि मैंने पहले ही कहा है, मानव-समाज में अथवा जीवन के विभिन्न क्षेत्रों में, विभिन्न स्तरों पर संघर्ष अपरिहार्य है, भले ही उनकी प्रकृति अस्थाई हो। लेकिन, साथ-ही-साथ, वे समाधान का तकाज़ा भी करते हैं। दूसरे शब्दों में, संघर्षों का सहयोग में रूपान्तरण आवश्यक है। मानव-जीवन में इनकी अनिवार्यता को स्वीकार करते हुए, इनके मानवीयतापूर्ण मार्ग से ही समाधान का प्रयास भी हमें करना चाहिए; और, जैसा कि मेरा विश्वास है, महात्मा गाँधी द्वारा दिखाया गया सत्याग्रह का मार्ग, अपनी अद्वितीयता तथा पवित्रता के कारण इस कार्य हेतु सर्वश्रेष्ठ है। राजनीतिक तथा आर्थिक क्षेत्रों में भी इसकी कारगरता कम करके नहीं आँकी जा सकती। चूँकि यह मार्ग सिद्धान्त पर आधारित है, इसमें व्यापक जनहित की संलग्नता है; इसलिए यह युद्ध का नैतिक विकल्प है।

स्थानीय से लेकर राष्ट्रीय स्तर तक और सामाजिक, राजनीतिक एवं आर्थिक, सभी क्षेत्रों में, न्याय-प्राप्ति के लिए एवं स्वतंत्रता की पुनरर्चना के लिए, सत्याग्रह सीधी कार्यवाही का एक शक्तिशाली ढंग है। इसकी इस रूप में प्रजातंत्रात्मक संरचना में भी पूरी-पूरी महत्ता है। प्रजातंत्र में न्याय-प्राप्ति हेतु अथवा व्यक्तिगत और सामुदायिक स्वतंत्रता की स्थापना हेतु, जनता को सत्याग्रह का मार्ग अपनाने का पूरा अधिकार है। और 'असहयोग' व 'सविनय अवज्ञा' जैसे कदम, परिस्थितियों तथा समय की माँग के अनुसार, उठाए जा सकते हैं।

लेकिन जहाँ तक प्रश्न अन्तर्राष्ट्रीय क्षेत्र में सत्याग्रह के मार्ग का है, मेरा मानना है कि इसे विशेष रूप में 'असहयोग', 'बहिष्कार' तथा 'प्रतिबन्ध' जैसे इसके विभिन्न कदमों के साथ ईमानदारी व निष्कपटता रखते हुए एवं अतिरिक्त सावधानी बरतते हुए अपनाया जा सकता है। इसके अतिरिक्त, इस प्रकार के कदमों में बड़े उत्तरदायित्व की आवश्यकता होती है। उदाहरण के लिए, यदि कुवैत जैसी स्थिति उत्पन्न हो जाए, जिसमें कुछ वर्षों पूर्व इराक ने इसकी प्रभुसत्ता को छिन्न-भिन्न करने का प्रयास किया, तो ऐसे में अन्तर्राष्ट्रीय समुदाय का उत्तरदायित्व और महत्त्वपूर्ण हो जाता है; तथा यह और अधिक महत्त्वपूर्ण हो जाता है जब स्वयं अपने देश के ही कुछ लोगों का एक समूह जनता के प्रजातांत्रिक अधिकार छीनने पर उतारू हो जाए।

आज संसार का एक भी देश ऐसा नहीं है, जो स्वयं ही अपने अस्तित्व को बनाए रखने की क्षमता रखता हो, अथवा वह अकेला चलने की स्थिति में हो, भले ही वह अतिशक्तिशाली भी हो। राष्ट्रों की एक-दूसरे पर निर्भरता इतनी अधिक बढ़ चुकी है कि साथ-साथ मिलकर कार्य करना उनकी विवशता हो गई है। ऐसी स्थिति में उस देश के तानाशाह या उस व्यक्ति-समूह द्वारा भी, जो अपने ही देशवासियों की स्वतंत्रता छीनने पर उतारू हो, अन्तर्राष्ट्रीय पुकार की अनदेखी किया जाना सम्भव नहीं है। ऐसे व्यक्ति-समूह को संयुक्त राष्ट्र संघ की सामान्य सभा में सर्वसम्मति से लिए गए निर्णय द्वारा प्रथम कदम के रूप में 'अहिंसक असहयोग' तथा 'प्रतिबन्धों सहित बहिष्कार' के लिए

चेताया जाना चाहिए। यदि चेतावनी से सफलता न मिले, तो संयुक्त राष्ट्र संघ के नेतृत्व में परिस्थितियों व समय की माँग के अनुसार, निरीह स्थानीय जनता की कठिनाइयों व सुरक्षा को ध्यान में रखते हुए, अगले कदम उठाए जाने चाहिएँ। इस तरह की कार्यवाही, वास्तव में पूर्णतः अहिंसा की परिधि में ही है; उक्त कदम सत्याग्रह के बढ़ते चरण हैं, क्योंकि इनमें कोई दुराग्रह नहीं है।

अन्ततः सत्याग्रह 'सत्य की खोज' है; यह 'सत्य' तक पहुँचने का दृढ़-निश्चय है; अहिंसा इसका साधन है; और वह अहिंसा ही है, जो शान्ति की टिकाऊ संस्कृति का निर्माण कर सकती है। इसलिए, यदि अन्तर्राष्ट्रीय क्षेत्र में भी इसे अपनाया जाता है, तो परिणाम निश्चिततः सुखद तथा कल्याणकारी ही होंगे।

सन्दर्भः

1. यंग इण्डिया, 19 मार्च 1925
2. वही उपरोक्त, 10 अक्टूबर 1927
3. वही उपरोक्त, 4 जून 1925
4. हरिजन, 15 अप्रैल 1933
5. इन सर्च ऑफ द सुपरिम, पृष्ठ 27
6. यंग इण्डिया, 10 अक्टूबर 1927
7. वही।
8. वही उपरोक्त, 2 जनवरी 1930
9. सभ्यता के दो अन्य मूलाधार हैंः अहिंसा तथा स्वतंत्रता।

10. गाँधीः हिज लाइफ एण्ड थॉट्स, पृष्ठ 346

11. गौतम बुद्ध, सुकरात, टालस्टाय आदि की भाँति।

12. अर्थात वेदान्तिक दृष्टिकोण।

13. गाँधीः हिज लाइफ एण्ड थाट्स, पृष्ठ 345

14. वही।

15. वही उपरोक्त, पृष्ठ 346

16. वही।

प्रयुक्त पुस्तक सूचीः

– आर० के० प्रभु तथा यू० आर० राव, द माइन्ड ऑफ महात्मा गाँधी, नवजीवन पब्लिशिंग हाउस, अहमदाबाद (भारत), 2002

– एम० के० गाँधी, आत्मकथा अथवा सत्य के प्रयोग, नवजीवन पब्लिशिंग हाउस, अहमदाबाद (भारत), 1957

– एम० के० गाँधी, मेरे सपनों का भारत, नवजीवन पब्लिशिंग हाउस, अहमदाबाद, गुजरात (भारत), 1999

– एम० के० गाँधी, यंग इण्डिया साप्ताहिक (1919-1931), नवजीवन पब्लिशिंग हाउस अहमदाबाद (भारत) द्वारा 13 खण्डों में पुनर्मुद्रित, 1984

– एम० के० गाँधी, हरिजन साप्ताहिक, हरिजन सेवक-संघ के तत्त्वावधान में प्रकाशित, 1933-41; तदोपरान्त नवजीवन ट्रस्ट, अहमदाबाद (भारत) द्वारा प्रकाशित, 1942-48

– जे० बी० कृपलानी, गाँधीः हिज लाइफ एण्ड थॉट्स, पब्लिकेशंस डिविजन, नई दिल्ली (भारत), 1991

– जैने शार्प, द पॉलिटिक्स ऑफ नान-वायलंट एक्शन, भाग 1-3, बोस्टन (संयुक्त राज्य अमरीका), 1973

– डी० जी० तेन्दुलकर, महात्माः लाइफ ऑफ मोहनदास करमचन्द गाँधी, 8 खण्ड, वी० के० झवेरी एण्ड डी० जी० तेन्दुलकर, बम्बई (भारत), 1951-54

– रवीन्द्र कुमार, ऐसेज ऑन गाँधीज्म एण्ड पीस, कृष्णा पब्लिकेशंस, मेरठ, उत्तर प्रदेश (भारत), 1991

– रवीन्द्र कुमार, चम्पारन टू क्विट् इण्डिया मूवमेन्ट, मित्तल पब्लिकेशंस, नई दिल्ली (भारत), 2002

– रवीन्द्र कुमार, महात्मा गाँधी और अहिंसा, कल्पाज पब्लिकेशंस, नई दिल्ली (भारत), 2007

– लियो टालसटाय, ऑन सिविल डिसआबेडियंस एण्ड नान-वायलंस, ए सिगनट बुक्स, द अमरीकन लायब्रेरी (अमरीका), 1968

2

गाँधी-दर्शन और वर्तमान अन्तर्राष्ट्रीय संघर्षों में इसका उपयोग

“अहिंसा को उस सरलता से निरस्त नहीं किया जा सकता, जैसा आप सोचते हैं। अहिंसा चिर-परिचित और अत्यधिक शक्तिमान है। लेकिन, यदि ऐसी अत्यधिक सुदृढ़ शक्ति का प्रयोग सभी मनमाने ढंग से करेंगे, तो इसकी महत्ता समाप्त हो जाएगी। हम अभी तक प्रतिदिन प्रयोग में लाए जाने वाले पानी जैसे गणनातीत व अमूल्यवान पदार्थ की मात्रा का निर्धारण भी नहीं कर सके हैं। इसके कई गुण तो हमें आश्चर्यचकित कर देते हैं। इसलिए, अहिंसा जैसी सुदृढ़ शक्ति को हमें हलके में नहीं लेना है; तथा इसमें छिपी शक्ति की धैर्य एवं विश्वास के साथ खोज करनी है।”

—महात्मा गाँधी

गाँधी-दर्शन

सारस्रूप में महात्मा गाँधी के दर्शन के श्रेष्ठ और आवश्यक भाग को स्वयं उन्हीं के निम्नलिखित वक्तव्य द्वारा समझा जा सकता है:

"मनुष्य की गतिविधियों की सम्पूर्ण परिधि... एक अविभाज्य सम्पूर्णता है। आप जीवन को सामाजिक, राजनीतिक, आर्थिक अथवा विशुद्ध धार्मिक वर्गों में इस प्रकार विभाजित नहीं कर सकते कि उनका आपस में एक-दूसरे से कोई सम्पर्क ही न रहे... ।"

इस वक्तव्य से स्पष्ट होता है कि वैदिक सिद्धान्त "सम्पूर्ण जीवन एक ही है", से प्रभावित महात्मा गाँधी मानव-जीवन की एकता में विश्वास करते थे; यह एकता संयोजन-निर्मित सम्पूर्णता है, तथा इसे न तो सामाजिक, राजनीतिक, धार्मिक अथवा नैतिक क्षेत्रों में और न ही व्यक्तिगत या सामूहिक स्तरों पर विभाजित किया जा सकता है। हमें जो पृथक खण्डों में दिखाई पड़ता है, वह, वास्तव में, मानव-जीवन के विभिन्न पहलू हैं; वे एक-दूसरे से सम्बद्ध हैं, तथा क्रिया-प्रतिक्रिया द्वारा एक-दूसरे को प्रभावित करते हैं। मानवीय गतिविधियों का विभिन्न वर्गों में विभाजन कृत्रिम है, और इस प्रकार यह वास्तविकता से परे है।

'ईश्वर' अथवा 'सर्वोच्च सत्ता', जो कि सृजनकर्ता है, तथा अनेक नामों से पुकारा जाता है, उक्त एकता का आधार है। वह

'सत्य' है;[1] तथा प्रत्येक के भीतर उसकी (वह) ध्वनि मौजूद है, जो सत्य-रूपी अलौकिक अनुभव का अनुसरण करने को प्रेरित करती है। लेकिन यह तभी सम्भव है, जब अहिंसा की पूणर्तः अनुभूति हो।[2] इस प्रकार, महात्मा गाँधी 'ईश्वर' अथवा 'सर्वोच्च सत्ता' को सृजनकर्ता स्वीकार करते हुए एवं उसे 'सत्य' घोषित करते हुए, एकता का प्रतीक मानते हैं; तथा अहिंसा को, जो उसी सिक्के का एक पहलू है, जिसका दूसरा पहलू सत्य है, उस तक पहुँचने अथवा उसे पहचानने का एक मात्र साधन घोषित करते हैं।

इस प्रकार, यदि अहिंसा सत्य तक पहुँचने का एक मात्र साधन है, और सत्य के बराबर है, तो मानव-जीवन के सभी क्षेत्रों के व्यवहारों में इसकी भूमिका अति महत्त्वपूर्ण हो जाती है। महात्मा गाँधी इसीलिए स्वयं स्वीकार करते हैं:

"किसी भी अन्य वस्तु, साधारण अथवा असाधारण, की अपेक्षा अहिंसा के प्रति मेरा प्रेम सर्वोच्च है। यह केवल सत्य, जो मेरे लिए अहिंसा के ही समानार्थी है, और जिसके माध्यम से मैं (स्वयं) सत्य को देख सकता हूँ, व उस तक पहुँच सकता हूँ, के बराबर है।"

यही कारण भी है कि गाँधी-दर्शन अथवा गाँधीवाद, जो महात्मा गाँधी के विचारों एवं व्यवहारों का सम्मिश्रण है, अहिंसा के चहुँओर घूमता है।

अहिंसा

सामान्यतः किसी के जीवन को न लेने की क्रिया को हम अहिंसा मानते हैं। अथवा, दूसरे साधारण शब्दों में, यह कहा जाता है कि किसी भी जीवित प्राणी के जीवन से छोड़-छाड़ न करना अहिंसा है। लेकिन, वास्तव में, यह न तो अहिंसा का वास्तविक अभिप्राय है, तथा न ही इससे इसकी सम्पूर्ण सैद्धान्तिक अवधारणा प्रकट होती है।

चूँकि अहिंसा पूर्णतः हिंसा के विपरीत की स्थिति है, इसलिए हम कह सकते हैः

"अपने मन, वचन और कर्म से किसी दूसरे के मन, वचन और कर्म पर आघात न करना, तथा किसी का जीवन न लेना ही अहिंसा है।"[3]

यदि कुछेक शब्दों में ही कहना हो, तो हम इस प्रकार कह सकते हैः

"हिंसा से पूणर्तः विरति ही अहिंसा है।"[4]

महात्मा गाँधी, अहिंसा के इस अर्थ से सहमति व्यक्त करते हुए, एवं अहिंसा को वीरता से जोड़ते हुए, इसे निरन्तर सक्रिय रहने वाली शक्ति घोषित करते हैं। इसमें, जैसा कि विनोबा भावे उचित ही इंगित करते हैं, "संघर्ष के लिए तैयारी रहनी ही चाहिए।"[5]

महात्मा स्वीकार करते हैं कि अहिंसा न तो कोई रूखी वस्तु है, तथा न ही कोई ऐसा निष्क्रिय विचार, जिसे मनुष्यों ने स्थापित किया

हो। उनका दृढ़-विश्वास रहा है कि यह गतिशील और सक्रिय मूल्य है; अस्तित्व की आवश्यक शर्त होने के साथ ही यह विकास एवं अन्तिम लक्ष्य (एकता सहित) को प्राप्त करने का साधन है। इसके अतिरिक्त अहिंसा उचित ढंग से और ऊँची समझ के साथ प्रयुक्त की जाने वाली शक्ति है, न कि मनमाने रूप में प्रयोग में लाए जाने वाली वस्तु है। स्वयं गाँधीजी के शब्दों में:

"अहिंसा को उस सरलता से निरस्त नहीं किया जा सकता, जैसा आप सोचते हैं। अहिंसा चिर-परिचित और अत्यधिक शक्तिमान है। लेकिन, यदि ऐसी अत्यधिक सुदृढ़ शक्ति का प्रयोग सभी मनमाने ढंग से करेंगे, तो इसकी महत्ता समाप्त हो जाएगी। हम अभी तक प्रतिदिन प्रयोग में लाए जाने वाले पानी जैसे गणनातीत व अमूल्यवान पदार्थ की मात्रा का निर्धारण भी नहीं कर सके हैं। इसके कई गुण तो हमें आश्चर्यचकित कर देते हैं। इसलिए, अहिंसा जैसी सुदृढ़ शक्ति को हमें हलके में नहीं लेना है; तथा इसमें छिपी शक्ति की धैर्य एवं विश्वास के साथ खोज करनी है।"[6]

गाँधीवादी अहिंसा के सम्बन्ध में यहाँ कुछ ध्यान में रखने योग्य बिन्दु हैं; विशेषकर आज के युवावर्ग को जब गाँधीजी की अहिंसा से परिचित कराना हो, तो इन बिन्दुओं का महत्त्व और अधिक बढ़ जाता है। इन बिन्दुओं में पहला है 'विनम्रता', जो किसी व्यक्ति को अहं तथा घमण्ड से मुक्त करती है; और, चूँकि अहं एवं घमण्ड को अहिंसा की

परिधि में कोई स्थान नहीं है, इसलिए जो व्यक्ति अहिंसक होने का दावा करे, उसके लिए अपने दैनिक व्यवहारों में विनम्रता को अपनाना आवश्यक है। इस सम्बन्ध में स्वयं महात्मा गाँधी का कहना है:

"यदि कोई घमण्ड और अहं-भावना रखता है, तो वह अहिंसक नहीं है। विनम्रता के बिना अहिंसा असम्भव है।"[7]

दूसरे, आत्म-शुद्धि के बिना जीवन के हर क्षेत्र में सक्रिय बल के रूप में अहिंसा की अनुभूति मात्र एक स्वप्न ही रहेगी; और इस स्थिति में अहिंसा की सफलता की प्रत्याभूति नहीं हो सकती। लेकिन अपने सक्रिय स्वरूप में अहिंसा असाधारण गति से आगे बढ़ती है, और चमत्कार कर दिखाती है। इसीलिए अहिंसा को सक्रिय एवं गतिशील मूल्य घोषित करते हुए महात्मा गाँधी आत्म-शुद्धि का आह्वान करते हैं, और वह भी जीवन के किसी एक या दो क्षेत्रों में ही नहीं, अपितु सभी क्षेत्रों में। साथ ही, वे इस हेतु निरन्तर आत्म-शुद्धि का आह्वान भी करते हैं, न कि किसी विशेष अवसर पर ही ऐसा करने की बात कहते हैं। ऐसा सत्य के बने रहने और एकता के मार्ग पर बढ़ने के लिए आवश्यक है। गाँधीजी के शब्दों में:

"समस्त प्राणियों के साथ एकतारूपी समानता बिना आत्म-शुद्धि के असम्भव है; बिना आत्म-शुद्धि के अहिंसा के नियम का पालन केवल एक स्वप्न ही रहता है। जो हृदय से शुद्ध नहीं है, वह ईश्वर की अनुभूति नहीं कर सकता। इसीलिए, आत्म-शुद्धि का अर्थ जीवन

के प्रत्येक क्षेत्र में शुद्धि होना चाहिए। चूँकि शुद्धि अत्यधिक प्रभावित करने वाली क्रिया है, इसलिए किसी एक की शुद्धि उसके आस-पास के सारे वातावरण को भी शुद्ध करने का कार्य करती है।''[8]

महात्मा गाँधी द्वारा इस प्रकार आत्म-शुद्धि पर अधिक बल दिया जाना, आमजन को और विशेषकर युवाओं को कठिन या बोझ-स्वरूप प्रतीत हो सकता है। ऐसी आत्म-शुद्धि कुछेक के लिए ही सम्भव हो सकती है; अथवा किसी विशेष कारण या परिस्थिति में यह अव्यावहारिक जान पड़ सकती है, लेकिन जो अहिंसा के मार्ग का अनुसरण करने के लिए कटिबद्ध हों, उनके लिए यह न केवल महत्त्वपूर्ण है, अपितु आवश्यक भी है। फिर, अहिंसा का मार्ग सरल भी तो नहीं है; यह मार्ग वीर के लिए है, किसी कायर के लिए नहीं। इस मार्ग पर बढ़ते हुए बलिदान करने ही होते हैं, न कि मात्र प्राप्ति की इच्छा रखनी होती है।[9] महात्मा गाँधी कहते हैं:

''आत्म-शुद्धि का मार्ग कठिन और चढ़ाई वाला है। उत्तम रूप में शुद्धि प्राप्त करने के लिए मन, वचन व कर्म से पूर्णतः इच्छारहित होना अत्यन्त ही आवश्यक है; प्रेम व घृणा, मोह तथा अरुचि जैसे एक-दूसरे के विपरीत प्रवाहों से ऊपर उठना आवश्यक है।''[10]

वास्तविकता को स्वीकार करते हुए वे आगे कहते हैं:

''मैं जानता हूँ कि निरन्तर प्रयास करते रहने के बावजूद भी अभी तक मुझमें वह त्रिपक्षीय शुद्धता नहीं आ सकी है। फिर भी सांसारिक प्रशंसा मुझे विचलित करने में असफल रहती है; और वह

मुझे बारम्बार वेदना पहुँचाती है। अस्त्रों-शस्त्रों के बल पर संसार पर भौतिक विजय प्राप्त करना तो सरल है, परन्तु सूक्ष्म-से-सूक्ष्म तृष्णा को विजित करना बहुत कठिन है। अपनी भारत वापसी के समय से ही[11] मैं अपने भीतर छिपी निष्क्रिय इच्छाओं का अनुभव करता रहा हूँ। उनका ज्ञान पराजित न करने के बावजूद भी मुझे अपमानित करता रहा है। मेरे अनुभव और प्रयोग मुझे सँभालते रहे हैं और हर्षित करते रहे हैं। लेकिन मैं भली-भाँति जानता हूँ कि मेरे समक्ष अभी भी कठिन मार्ग मौजूद है। इसलिए मुझे अपने आपको शून्य की स्थिति में ले आना चाहिए। जब तक मनुष्य स्वेच्छापूर्वक समानार्थियों के मध्य अपने को निम्नतम स्तर पर नहीं ले आता, उसकी मुक्ति नहीं हो सकती। अहिंसा विनम्रता की तीव्रतम सीमा है।''[12]

यद्यपि अहिंसा किसी-न-किसी रूप में अपना सर्वोच्च या समुचित स्थान उन लोगों के विचारों एवं व्यवहारों में भी रखती है, जो ईश्वर अथवा सर्वोच्च सत्ता में विश्वास करने वाले नहीं हैं,[13] या जो नास्तिक हैं, लेकिन, तो भी, महात्मा के लिए ईश्वर स्वयं अहिंसा का स्रोत है, और ''अहिंसा तभी सफल होती है, जब ईश्वर में जीता-जागता विश्वास हो।''[14]

ऐसा अनिवार्य भी है, क्योंकि 'मानव-जीवन की एकता' का गाँधीजी का विचार, जो कि 'संयोजन-निर्मित सम्पूर्णता है', तथा जिसका साधन अहिंसा है, जैसा कि हमने प्रारम्भ में ही संक्षेप में जाना

है, तभी अर्थपूर्ण बन सकता है, जब वह ईश्वर के अस्तित्व को स्वीकार करे तथा उसे ही 'एकता' का आधार बनाए।

वर्तमान संघर्षों में प्रयोग

अब, गाँधीजी के दर्शन की संक्षिप्त रूपरेखा को, जिसके मूल में अहिंसा है, जानने के उपरान्त, वर्तमान में संघर्षों की स्थिति में इसके प्रयोग की चर्चा हमें करनी है। युगों से ही संघर्ष, भले ही वे स्वभाव से अस्थाई हैं तथा सहयोग में रूपान्तर का विषय भी हैं, अन्तर्राष्ट्रीय क्षेत्र सहित मानव-जीवन के समस्त क्षेत्रों में अपरिहार्य हैं। मानव-स्वभाव में स्थाई रूप से उपस्थित शाश्वत मूल्य अहिंसा अपनी पूरक मान्यताओं के साथ भिन्न-भिन्न प्रकार से सघंर्षों से बाहर निकलने का मार्ग हमें दिखाती रही है; दूसरे शब्दों में, वह संघर्षों का सहयोग में रूपान्तरण करती रही है।

प्रत्येक सांसारिक वस्तु निरन्तर परिवर्तन का विषय है, और संघर्ष भी इसका अपवाद नहीं हैं; संघर्षों का स्वरूप समय-समय पर परिवर्तित होता है, भले ही उनकी उत्पत्ति का मूल कारण किसी-न-किसी रूप में हमें एक समान प्रतीत होता हो। गाँधीवादी अहिंसा, इसीलिए, समस्याओं के समाधानार्थ, संघर्षों के सहयोग में रूपान्तरणार्थ तथा अन्ततः जीवन को शान्ति और प्रगति के मार्ग पर ले जाने के लिए अपने को समय एवं विद्यमान परिस्थितियों की माँग अनुरूप प्रयोग में लाए जाने का आह्वान करती है।

उदाहरण के लिए मनुष्य के पृथ्वी पर उदय के उपरान्त[15] हजारों वर्षों के विकास की प्रक्रिया से गुजरते हुए अब हमारे समक्ष वैश्वीकरण के दिन हैं। विश्व के नागरिक जीवन के प्रत्येक क्षेत्र में तथा विभिन्न रूपों में निरन्तर एक-दूसरे के निकट आ रहे हैं। पारस्परिक सहयोग का स्तर निरन्तर ऊँचा हो रहा है। अन्तर्राष्ट्रीय स्तर पर भी एक-दूसरे पर इतनी अधिक निर्भरता होती जा रही है कि अब विश्व का कोई शक्तिशाली और स्रोत-सम्पन्न राष्ट्र भी अलग-थलग रहकर विकास का स्वप्न नहीं देख सकता। आज अन्तर्राष्ट्रीय स्तर पर घटने वाली किसी भी घटना का, न्यूनाधिक, प्रत्येक देश पर प्रभाव पड़ता है।

ऐसी अभूतपूर्व परिस्थिति में, और मुझे स्वीकार करना चाहिए कि सुखद स्थिति में, जब जीवन के प्रत्येक्ष क्षेत्र में और अन्तर्राष्ट्रीय सहित समस्त स्तरों पर समस्याएँ सामान्य हो गई हैं, जब संघर्ष, न्यूनाधिक, सभी को प्रभावित कर रहे हैं, तो कोई कारण नहीं कि उनका समाधान अथवा रूपान्तरण सामूहिक प्रयासों द्वारा न किया जा सके। दूसरे शब्दों में, मैं यह कह सकता हूँ कि अब हमें साथ-साथ ही आगे बढ़ना होगा। विशेषकर सामान्य हित में अन्तर्राष्ट्रीय समस्याओं के समाधानार्थ अथवा संघर्षों के रूपान्तरण के लिए मिलकर कार्य करना होगा।

अब वह समय बहुत पीछे छूट गया है, जब कोई विशेष व्यक्ति-समूह अथवा किसी देश के निवासी अपने इतिहास या भूगोल

पर मिथ्याभिमान किया करते थे। अब समस्त जटिलताओं का सामना और उनका समाधान परिस्थितियों की माँग के अनुसार करना होगा। अब राष्ट्रवाद की भावना, जो मेरी दृष्टि में वैश्वीकरण की सुदृढ़ता के लिए आवश्यक है, के साथ एक परिपक्व समझ की नितान्त आवश्यकता है। साथ ही, पारस्परिक सहयोग को निरन्तर आगे बढ़ाना समय की माँग है। इस दिशा में गाँधीवादी दर्शन, या दूसरे शब्दों में अहिंसा की परिधि के भीतर हम किस प्रकार सफलता प्राप्त कर सकते हैं? हमारे समक्ष पूर्णतः परिवर्तित परिस्थितियों में यही सबसे महत्त्वपूर्ण प्रश्न है।

निस्सन्देह गाँधीवादी-दर्शन की आशा के अनुरूप परिपक्व समझ और परस्पर सहयोग की आवश्यकता की पूर्ति हेतु अहिंसा व इससे सम्बद्ध गतिविधियों का उपयोग ही विवादों के समाधान और संघर्षों के रूपान्तरण में होना चाहिए, लेकिन इनके उपयोग के समय यह सुनिश्चित भी किया जाना चाहिए कि ये विद्यमान परिस्थितियों के अनुकूल हों। ऐसा करने पर ही श्रेष्ठ फल प्राप्त हो सकेंगे; और इस सम्बन्ध में विशेषकर अन्तर्राष्ट्रीय क्षेत्र में, इन्हें पूर्णतः कारगर बनाने के लिए नितान्त आवश्यक होगा कि विवाद या संघर्ष में संलग्न पक्ष निम्नलिखित तीन मूल बिन्दुओं को आधारभूत मानते हुए आगे बढ़ें:

- गम्भीर होना;
- वास्तविकता को स्वीकार करना; तथा
- बलिदान करने के लिए तैयार रहना

जैसा कि हम जानते हैं, अन्तर्राष्ट्रीय स्तर पर आज अनेक समस्याएँ हमारे समक्ष हैं। इनमें से कई वास्तव में अत्यधिक गम्भीर हैं, तथा ये वर्षों से बनी हुई हैं। मैं इनकी गिनती नहीं करना चाहता, लेकिन जैसा कि सभी जानते हैं, ये न केवल प्रत्यक्षतः संलग्न पक्षों को ही प्रभावित करती हैं, अपितु, न्यूनाधिक, अन्य देशों पर भी प्रभाव डालती हैं, और कई बार लगता है कि इनका सहज ही समाधान सम्भव नहीं है। लेकिन, यदि किसी भी समस्या के समाधान, अथवा संघर्ष के रूपान्तरण की प्रक्रिया के समय उपरोक्त वर्णित तीनों आधारभूत बिन्दुओं को संलग्न पक्ष ईमानदारी से मस्तिष्क में रखें, तो मेरा दृढ़ता से मानना है कि सफलता अवश्य ही मिलेगी। लेकिन, इसके लिए संलग्न पक्षों में बड़े साहस, उच्च नैतिकता और परिपक्व समझ का होना आवश्यक है; गाँधीवादी दर्शन अथवा उनकी अहिंसा यही विश्व का आह्वान करती है।

वर्षों से महात्मा गाँधी की मातृभूमि, भारत का अपने पड़ोसी बंग्लादेश के साथ गंगा नदी के जल के बँटवारे को लेकर विवाद था। गंगा नदी अधिकांशतः भारत में ही बहती है, और अन्ततः आज के उस बंग्लादेश से होकर हिन्द महासागर में मिल जाती है, जो 1947 तक स्वयं भारत का ही भाग था। सत्तर के दशक में भारत ने इस नदी पर फरक्खा बाँध का निर्माण किया, जिससे बंग्लादेश चिन्तित हुआ; और ऐसा भी कह सकते हैं कि भारत की इस कार्यवाही से बंग्लादेश नाराज था।[16] लेकिन दोनों देशों के मध्य उक्त वर्णित तीनों मूल

बिन्दुओं को आधार बनाकर ही वार्ता हुई। दोनों सर्वप्रथम उत्पन्न समस्या के मूल में गए; भारत तथा बंग्लादेश एक-दूसरे की कठिनाइयाँ समझ सके। तदोपरान्त निरन्तर वार्ताक्रम से ही एक सुखद समझौता दोनों ने किया। यद्यपि इसमें भारत को बंग्लादेश की अपेक्षा तनिक अधिक बलिदान करना पड़ा, लेकिन दोनों ही देशों की विजय हुई। गाँधीवादी मार्ग से समस्या के निपटारे का यह अच्छा ढंग रहा; इस तरह की अन्य समस्याओं को सुलझाने में आगे भी यह मार्ग कारगर रहेगा।

मानव-इतिहास के पृष्ठ वर्गों और राष्ट्रों के मध्य हुए संघर्षों तथा युद्धों से भरपूर हैं। विशेष रूप से बीसवीं शताब्दी में लड़े गए दो विश्व-युद्धों का लेखा-जोखा हमारे समक्ष है। कदाचित् युवा पीढ़ी न जानती हो कि प्रथम विश्व-युद्ध (1914-18) में एक करोड़ से भी अधिक लोग मारे गए। इसके अतिरिक्त, दो करोड़ पच्चीस लाख लोग इसी युद्ध में बुरी तरह घायल हुए।[17] इसी प्रकार, द्वितीय विश्व-युद्ध (1939-45) में पाँच करोड़ लोग मृत्यु को प्राप्त हुए तथा लगभग साढ़े तीन करोड़ या तो बुरी तरह घायल हुए या अपंग बन गए।[18] इन युद्धों में संलग्न राष्ट्रों को दस से पन्द्रह वर्षों का समय पुनः विकास की गति पकड़ने में लगा; दूसरे शब्दों में वे पुनः अपने पैरों पर खड़े हो सके।[19] और, जैसा कि हम जानते हैं, युद्धों में फँसे राष्ट्र अन्ततः हिंसा के नंगे नाच से ऊब गए, उनकी शक्ति क्षीण हो गई, और वे शान्ति की चाह करने लगे। इसी उद्देश्य की प्राप्ति के लिए प्रथम

विश्व-युद्ध के बाद 'राष्ट्र-संघ' तथा द्वितीय विश्व-युद्ध के बाद 'संयुक्त राष्ट्र-संघ' की स्थापना की गई।

लेकिन, हम यह सत्यता भी जानते हैं कि 'वार्ता', 'समझौते' और 'सन्धि' की आवश्यक प्रक्रिया को युद्धों से बचने के लिए प्रयोग में लाए जाने के समय सम्बद्ध पक्ष अधिकांश अवसरों पर गम्भीर तथा ईमानदार नहीं रहे हैं। वे, जाने-अनजाने में, वास्तविकता स्वीकारने और बलिदान करने के लिए आगे नहीं आए हैं। ईमानदारी और निष्कपटता के स्थान पर उन्होंने वार्ताक्रम, समझौतों और सन्धियों में भी पूर्णतः कूटनीति को अपनाया है। इसी का परिणाम रहा है कि स्वयं 1918 में प्रथम विश्व-युद्ध की समाप्ति के समय की सन्धि ने द्वितीय विश्व-युद्ध की भूमिका तैयार की; तथा इसी प्रकार द्वितीय विश्व-युद्ध के समझौतों व सन्धियों ने 'शीत-युद्ध' और 'शक्ति-सन्तुलन' जैसी नई परिस्थितियों को अन्तर्राष्ट्रीय स्तर पर जन्म दिया। इसी के साथ, ऐसे नए विवाद भी खड़े हो गए, जिनका समाधान आज तक नहीं हो सका है।

गाँधीवादी मार्ग अत्यन्त ही सरल है। यह अहिंसा की परिधि में है तथा निष्कपटता, बलिदान, उच्च-नैतिकता और साहस इसके आवश्यक पहलू हैं। लेकिन यह विडम्बना है कि हम युगों पहले से ही इस प्रकार के साधारण मार्ग पर चलने के आदी नहीं रहे हैं। हम लम्बा और जटिल मार्ग तय करने के आदी रहे हैं। आज भी मैं जो यह गाँधीवादी दर्शन को केन्द्र में रखकर कह रहा हूँ, उसे अनेकजन

स्वीकार नहीं करेंगे; सम्भव है कि साधारण रूप में व्यक्त ये विचार बहुत से लोगों का ध्यानाकर्षित करने में असफल रहें। मैं राजनीति विज्ञान का छात्र हूँ। मैंने कूटनीति सहित अन्तर्राष्ट्रीय राजनीति के विभिन्न पहलुओं का अध्ययन किया है। इसलिए, गाँधीवादी दर्शन से सम्बन्धित इस विषय पर, और विशेषकर अन्तर्राष्ट्रीय विवादों में इसके प्रयोग के सम्बन्ध में, मैं अपने विचार भी इसी रूप में प्रस्तुत कर सकता था। लेकिन ऐसा करना उचित नहीं है।

हमारे लिए उचित यह है कि हम महात्मा गाँधी द्वारा, जिनका जीवन एक खुली किताब के समान है, तथा जिनका सन्देश साधारण, स्पष्ट एवं सीधा-सीधा है, दिखाए मार्ग को समझें और गम्भीरतापूर्वक उस पर विचार करें। लेकिन इसके लिए, जैसा कि पहले ही कहा गया है, हममें उच्च नैतिकता, गम्भीरता और साहस होना चाहिए। यदि हम ऐसा कर सके, तो निस्सन्देह हम सभी समस्याओं से उबर जाएँगे, हम विवादों का समाधान कर लेंगे और सघर्षों का रूपान्तरण करते हुए गाँधीवादी दर्शन की अपेक्षा के अनुसार मानव-जीवन की एकता के मार्ग को प्रशस्त कर सकेंगे।

सन्दर्भः

1. आत्मकथा अथवा सत्य के प्रयोग, पृष्ठ 383

2. उपरोक्त (इस सम्बन्ध में अपनी आत्मकथा में महात्मा गाँधी ने यहाँ तक भी लिखा है, ''अपने एकरूप अनुभव से मुझे पूर्ण विश्वास हो गया है कि 'सत्य' के अतिरिक्त कोई अन्य 'ईश्वर' नहीं है। अन्ततः, अहिंसा के सम्बन्ध में मेरे निरन्तर और निष्कपट प्रयासों के बावजूद, अभी भी वे अपूर्ण एवं अपर्याप्त रहे हैं। सीमित रूप

में फिर भी जो क्षणभंगुर अनुभूति सत्य के सम्बन्ध में मुझे हुई है, उससे अवर्णनीय और तेजस्वी सत्य, जो उस सूर्य के प्रकाश से भी लाखों-करोड़ों गुना अधिक तीव्र है, जिसे हम प्रतिदिन अपनी आँखों से देखते हैं, की वास्तविकता का पूर्ण खुलासा हो पाना कठिन है। वास्तव में जो मैं अनुभव कर पाया हूँ, वह केवल उस शक्तिमान तेजस्वी किरण की एक धुँधली-सी झलक है। लेकिन, तो भी, मैं अपने अनुभवों के आधार पर दावे के साथ कह सकता हूँ कि 'सत्य' की खोज अहिंसा की पूर्ण अनुभूति द्वारा ही हो सकती है।" उन्होने यह उल्लेख भी किया, "चूँकि समस्त प्राणियों के साथ समानता के बिना आत्म-शुद्धि असम्भव है; और बिना आत्म-शुद्धि के अहिंसा के नियम का पालन केवल एक स्वप्न ही रहता है, और जो हृदय से शुद्ध नही है, वह ईश्वर की अनुभूति नहीं कर सकता, इसलिए आत्म-शुद्धि का अर्थ जीवन के प्रत्येक क्षेत्र में शुद्धि होना चाहिए। चूँकि शुद्धि अत्यधिक प्रभावित करने वाली क्रिया है, इसीलिए किसी एक की शुद्धि उसके आस-पास के वातावरण को शुद्ध करने का कार्य भी करती है।")

3. गाँधीयन थॉट, पृष्ठ 75

4. वही।

5. विनोबा, श्रीमन्नारायण, पृष्ठ 140 (इसी सम्बन्ध में उल्लेख करते हुए वे आगे कहते हैं, "यदि अहिंसा (सम्पूर्ण) विश्व में (भी) व्याप्त हो जाए, तो उसके लिए तैयारी की आवश्यकता होगी। न तो हिंसा, तथा न ही अहिंसा, किसी व्यक्ति को एक ही समय पर सब कुछ अर्जित कर लेने और फिर उसका लाभ शेष बचे सारे जीवन में उठाने की आज्ञा देती है। प्रतिरोध की शक्ति को सदैव जागृत रखना आवश्यक होगा। अहिंसक जीवन का अर्थ विशेष अवसर पर बलिदान ही नहीं, अपितु शाश्वत रूप में बलिदान है; और मात्र बलिदान ही नहीं, अपितु बलिदान करते समय प्रसन्नता अनुभव करना है।")

6. महात्मा, खण्ड-5, पृष्ठ 303

7. वही, उपरोक्त।

8. आत्मकथा अथवा सत्य के प्रयोग, पृष्ठ 383

9. गाँधीयन थॉट, पृष्ठ 76-77

10. आत्मकथा अथवा सत्य के प्रयोग, पृष्ठ 383

11. दक्षिणी अफ्रीका से।

12. आत्मकथा अथवा सत्य के प्रयोग, पृष्ठ 383

13. गौतम बुद्ध तथा वर्धमान महावीर सहित।

14. महात्मा, खण्ड-5, पृष्ठ 15

15. ऐसा विश्वास किया जाता है कि मनुष्य ने लगभग दस लाख वर्ष पूर्व पृथ्वी के एक ही स्थान से अपनी जीवन-यात्रा प्रारम्भ की।

16. महात्मा गाँधी और अहिंसा, पृष्ठ 115

17. टूवर्ड्स पीस... पृष्ठ 119

18. उपरोक्त।

19. उपरोक्त।

प्रयुक्त पुस्तक सूचीः

– एम0 के0 गाँधी, आत्मकथा अथवा सत्य के प्रयोग, नवजीवन पब्लिशिंग हाउस, अहमदाबाद (भारत), 1957

– एम0 के0 गाँधी, हरिजन साप्ताहिक, हरिजन सेवक-संघ के तत्त्वावधान में प्रकाशित, 1933-41, तदोपरान्त नवजीवन ट्रस्ट, अहमदाबाद (भारत) द्वारा प्रकाशित, 1942-48

– डी0 जी0 तेन्दुलकर, महात्माः लाइफ ऑफ मोहनदास करमचन्द गाँधी, 8 खण्ड, वी0 के0 झवेरी एण्ड डी0 जी0 तेन्दुलकर, बम्बई (भारत), 1951-54

– रवीन्द्र कुमार, गाँधीयन थॉटः एन ओवर व्यू, ज्ञान पब्लिशिग हाउस, नई दिल्ली, (भारत) 2006

– रवीन्द्र कुमार, टुवर्ड्स पीस एण्ड प्रॉस्पेरिटि, विश्व-शान्ति आन्दोलन ट्रस्ट, मेरठ उत्तर प्रदेश (भारत), 2003

– रवीन्द्र कुमार, महात्मा गाँधी और अहिंसा, कल्पाज़ पब्लिकेशंस, नई दिल्ली (भारत), 2007

– रवीन्द्र कुमार, महात्मा गाँधी एट द क्लोस ऑफ ट्वेन्टिएथ सेन्चुरी, अनमोल पब्लिकेंशस, नई दिल्ली (भारत), 2004

3

प्रजातंत्र में संघर्ष और गाँधीवाद का प्रयोग

"मनुष्य-स्थापित कोई भी संस्था ऐसी नहीं है, जिसमें खतरा न हो। संस्था जितनी बड़ी होगी, उसके दुरुपयोग की सम्भावनाएँ भी उतनी ही अधिक होंगी। लोकतंत्र एक बड़ी संस्था है, इसलिए इसका बड़ा दुरुपयोग भी हो सकता है।"[7]

—महात्मा गाँधी

गाँधी का व्यक्तित्व

अपने व्यक्तिगत जीवन में जिस प्रकार महात्मा गाँधी अति साधारण थे, उसी प्रकार अपने कार्यों एवं विचारों में भी वे बहुत साधारण थे। उनका व्यक्तित्व न तो लम्बवत् था तथा न ही क्षैतिजिक। उनका जनता का आह्वान सदा ही सीधा और स्पष्ट रहा। यही कारण है कि अपने सम्पूर्ण जीवनकाल में वे न तो प्रसिद्ध विद्वान माने गए तथा न ही चिन्तक, दार्शनिक अथवा बुद्धिजीवी स्वीकारे गए। तो भी, यह बात अलग है कि अपनी मृत्यु के उपरान्त वे पूरब और पश्चिम, दोनों, में अनेक विद्वानों तथा बुद्धिजीवियों के अध्ययन तथा शोध का विषय बने; कदाचित् आज महात्मा गाँधी के जीवन, कार्यों एवं विचारों के विभिन्न पक्षों पर सबसे अधिक पुस्तकों एवं लेखों का प्रकाशन हो रहा है।

ऐसा क्यों है? इस प्रश्न का उत्तर भी अति सरल है। ऐसा इसलिए है, क्योंकि जिस ढंग से महात्मा गाँधी ने अहिंसा की व्यावहारिकता को व्याख्यायित किया तथा इसे प्रत्यक्ष कार्यवाही हेतु प्रभावकारी अस्त्र के रूप मे प्रस्तुत किया, वह अपने आप में अद्वितीय था। यद्यपि अहिंसा युगों से, विभिन्न रूपें में सिद्धान्त तथा व्यवहार, दोनों, में मानव-विश्व में उपस्थित रहने के बावजूद भी केवल व्यक्तिगत गुण अथवा मूल्य के रूप में, विशेषकर ऋषियों, सन्तों, देव-पुरुषों और ईश्वरीय अवतारों द्वारा प्रयोग में लाए जाने वाला विषय मानी जाती रही और वह भी सामाजिक तथा धार्मिक व्यवहारों में, लेकिन

महात्मा गाँधी ने, कदाचित् सम्पूर्ण मानव-इतिहास में पहली बार, अहिंसा को सामाजिक गुण या मूल्य घोषित किया, तथा मानवता का अन्य गुणों या मूल्यों की ही भाँति इसके विकास का आह्वान भी किया। स्वयं उन्हीं के शब्दों में:

"अहिंसा गुफाओं में रहने वालों और ऋषियों तथा जो बाह्य जगत से कटे रहते है, तक ही सीमित सद्गुण नहीं है। यह लाखों लोगों द्वारा व्यवहार में लाए जाने योग्य है; ऐसा इसलिए नहीं है कि वे (लाखों लोग) इसके अभिप्राय का पूर्ण ज्ञान रखते हैं, अपितु इसलिए है कि यह हमारी (मनुष्य) जाति का नियम है। यह मनुष्य को पशु से पृथक करती है। किन्तु मनुष्य ने अपने भीतर से पाशविकता को समाप्त नहीं किया है। उसे ऐसा करने के लिए प्रयास करना होगा। यह राष्ट्रीय प्रयास राजनीतिक सहित जीवन के प्रत्येक क्षेत्र में, अहिंसा को प्रयोग में लाए जाने से ही सफल होगा, न कि अहिंसा में मात्र (सैद्धान्तिक रूप से) विश्वास करने से ही।"[1]

और, "निश्चित रूप से बड़े पैमाने पर समाज का नियमन आपसी व्यवहारों में अहिंसा-भाव के (उपस्थित रहने के) कारण होता है। मैं चाहता हूँ कि यह भावना राष्ट्रीय और अन्तर्राष्ट्रीय स्तर तक बड़े पैमाने पर बढ़ चले।"[2]

अहिंसा की अवधारणा को नया पड़ाव देते हुए और इसे विस्तार प्रदान करते हुए महात्मा गाँधी घोषित करते हैं कि अहिंसा बिना कोई

निजी स्वार्थ रखे, शान्तिपूर्वक और स्पष्टता से विचार करके प्रत्येक के प्रति कायिक और आध्यात्मिक लाभ की भावना में निहित है। इसीलिए, "हिंसा अथवा अहिंसा की अन्तिम कसौटी कृत्य के मूल में रही भावना (ही) है।"[3]

जैसा कि सभी जानते हैं, अपनी राजनीतिक कार्यवाहियों द्वारा,जिनका मूलाधार अहिंसा थी, महात्मा गाँधी ने न केवल अपने देशवासियों को मातृभूमि, भारत, की स्वतंत्रता के द्वार तक पहुँचने हेतु नेतृत्व प्रदान किया तथा सदियों पुरानी परतंत्रता की बेड़ियाँ काटने के लिए उन्हें सक्षम बनाया, अपितु अहिंसा के अभिप्राय व उद्देश्य को स्पष्ट किया, तथा साथ ही विस्तृत पैमाने पर और सर्वकल्याणार्थ इसके प्रयोग का अद्वितीय, अनुकरणीय और सदाबहार मार्ग दिखाया।[4] यह मार्ग भारत के अतिरिक्त विश्व के समस्त जन को उनकी स्वाधीनता तक ले जाने वाला है; इस मार्ग से प्रजातंत्रात्मक व्यवस्था सहित अन्य सभी पद्धतियों में तथा समस्त स्तरों पर न्याय को सुनिश्चित किया जा सकता है।

प्रजातंत्र तथा संघर्ष

चूँकि मानवीय स्वंतत्रता, समान न्याय और सर्वकल्याण प्रजांतत्र की मुख्य विशेषताएँ हैं,[5] भले ही प्रत्येक के लिए अभी तक ये व्यावहारिक वास्तविकताएँ न बनी हों, अथवा प्रजातंत्र में जन-सहमति की कसौटी बहुमत का निर्णय हो, मेरी दृष्टि में, अभी तक प्रजातंत्र ही राजनीतिक रूप में संचालन का श्रेष्ठ मार्ग है।

प्रजातंत्र, अब्राहम लिंकन की सर्वश्रेष्ठ परिभाषा के अनुसार, "जनता की, जनता के लिए और जनता के द्वारा सरकार है।"[6]

प्रजातंत्र में, उक्त तीनों विशेषताओं की उपस्थिति के अतिरिक्त, अन्य शासन-व्यवस्थाओं की तुलना में शान्ति की अधिक सम्भावना रहती है। ऐसा इसलिए, क्योंकि विभिन्न स्तरों पर जनता का प्रत्यक्ष व अप्रत्यक्ष रूप में व्यवस्था से जुड़ाव रहता है; प्रजातंत्र में जनता की प्रगति व विकास के अधिकतम अवसर प्राप्त होते हैं; तथा इससे भी अधिक प्रजातंत्र में जनता अपने कल्याण का ढंग एवं मार्ग चुनती है। यही कारण भी है कि विश्व की जनसंख्या का बड़ा भाग प्रजातंत्रात्मक शासन-व्यवस्था के अन्तर्गत है।

महात्मा गाँधी, जो राज्यविहीन और पूर्णतः अहिंसा पर आधारित रहने वाले प्रजातंत्र की इच्छा रखते थे, एक ओर विद्यमान (प्रजातांत्रिक) व्यवस्था के समर्थक थे, तो दूसरी ओर वे इसमें तब तक निरन्तर सुधार के पक्षधर भी थे, जब तक यह पूर्णतः अहिंसा की परिधि में न आ जाए। सुधार इसलिए भी आवश्यक है, क्योंकि प्रजातंत्र मानव-स्थापित संस्था है, तथा कोई भी मानव-स्थापित संस्था खतरे से खाली नहीं है, परिवर्तित समय और परिस्थितियों में यह भी सुधार का विषय है, यह इस प्रक्रिया में अपवाद नहीं हो सकती। गाँधीजी के शब्दों में:

"मनुष्य-स्थापित कोई भी संस्था ऐसी नहीं है, जिसमें खतरा न हो। संस्था जितनी बड़ी होगी, उसके दुरुपयोग की सम्भावनाएँ भी

उतनी ही अधिक होगी। लोकतंत्र एक बड़ी संस्था है, इसलिए इसका बड़ा दुरुपयोग भी हो सकता है।"[7]

अब, जब प्रजातंत्र में खतरे की पूरी-पूरी सम्भावनाएँ हैं, तो इसमें संघर्षों की स्थिति भी अपरिहार्य है। लेकिन प्रजातांत्रिक व्यवस्था में संघर्षों से छुटकारा कैसे मिले, और वह भी उस गाँधीवादी मार्ग के माध्यम से, जिसमें अहिंसा केन्द्र में है? यही महत्त्वपूर्ण प्रश्न हमारे सामने है। मेरे दृष्टिकोण से, संक्षेप में, प्रजातांत्रिक व्यवस्था के विभिन्न अंगों तथा इसकी संस्थाओं को परिपक्व करके हम इसे सुदृढ़ एवं स्वस्थ बना सकते हैं। प्रजातंत्र जितना अधिक स्वस्थ होगा, उसमें संघर्षों की सम्भावनाएँ उतनी ही कम होंगी। यही पहली बात है, जो इस सम्बन्ध में कही जा सकती है।

लेकिन, स्वयं यही बात हमारे समक्ष एक अति महत्त्वपूर्ण प्रश्न भी खड़ा करती है और वह यह कि महात्मा गाँधी द्वारा सुझाए मार्ग के अनुसार प्रजातंत्र कैसे परिपक्व हो सकता है? इस प्रश्न का उत्तर ढूँढने की दिशा में बढ़ते हुए हमारे लिए आवश्यक होगा कि हम प्रतिनिधित्व और जनमत सहित प्रजातंत्र के कुछ अन्य आधारभूत सिद्धान्तों के सम्बन्ध में महात्मा गाँधी के विचारों का विश्लेषण करें।

प्रतिनिधित्व एवं जनमत, दोनों, प्रजातांत्रिक व्यवस्था के निर्माण और संचालन में महत्त्वपूर्ण भूमिका का निर्वाह करते हैं; यही कारण है कि महात्मा गाँधी इन दोनों के सम्बन्ध में न केवल अपना विशेष

मत ही रखते थे, अपितु अपने मत का उन्होंने विश्व के समक्ष खुलासा भी किया। प्रतिनिधित्व के सन्दर्भ में उन्होंने कहाः

"यह बात मेरी समझ से बाहर है कि प्रतिनिधियों की बड़ी संख्या किसी भी रूप में कार्य-संचालन के लिए सहायक हो सकती है, अथवा इससे प्रजातंत्र के सिद्धान्त की सुरक्षा हो सकती है। मात्र पन्द्रह सौ जनहित की समझ रखने वाले, सचेत और सच्चे प्रतिनिधि प्रजातंत्र की सुरक्षा के लिए छः हजार चुने हुए गैर जिम्मेदार लोगों से अच्छे सिद्ध हो सकते हैं। प्रजातंत्र की रक्षा के लिए जनता को स्वतंत्रता की तीव्रता से समझ होनी चाहिए; आत्म-सम्मान और एकता की प्रबल भावना उसमें रहनी चाहिए। साथ ही उसे चाहिए कि वह उन प्रतिनिधियों का चयन करे, जो अच्छे व सच्चे हों।"[8]

निस्सन्देह, महात्मा गाँधी के प्रतिनिधित्व से सम्बन्धित उक्त वक्तव्य व्यवस्था के लिए दो निम्नलिखित महत्त्वपूर्ण व कारगार बातें प्रकट होती हैं:

1. प्रजातंत्र में जन-चेतना और प्रतिनिधित्व की भूमिका नितान्त आवश्यक है; तथा

2. व्यवस्था-संचालन हेतु प्रतिनिधियों के चयन में पूरी सावधानी रखना आवश्यक है।

महात्मा गाँधी ने प्रतिनिधियों की संख्या को महत्त्वपूर्ण नहीं माना; विपरीत इसके उन्होंने उन प्रतिनिधियों के चयन को प्राथमिकता

दी, जो अधिक-से-अधिक सम्भव जन-कल्याण के लिए अपने को समर्पित कर सकें, भले ही उनकी संख्या कम हो। प्रजातंत्र की मुख्य भावना जनहित है।

दूसरे, वह स्वस्थ तथा परिपक्व जनमत ही है, जो राज्य और सरकार पर नियंत्रण कर सकता है। इसीलिए, यदि व्यवस्था को स्वस्थ रखना हो, तो ऐसा स्वस्थ जनमत के माध्यम से ही सम्भव हो सकता है। राज्य जनमत की सरलतापूर्वक अवहेलना नहीं कर सकता। स्वयं महात्मा गाँधी के शब्दों में:

"कोई लोकप्रिय राज्य जनमत की इच्छा के विरुद्ध कार्य नहीं कर सकता। यदि वह ऐसा करता है, तो उसका विनाश हो जाएगा।"[9]

बिना स्वस्थ आलोचना के भी प्रजातंत्र सफल नहीं हो सकता; भली-भाँति सूचित, सन्तुलित और परिपक्व आलोचना प्रजातंत्र में सार्वजनिक जीवन का मेरुदण्ड है। समालोचनात्मक विश्लेषण की अनुपस्थिति में प्रजातंत्र के अपने वास्तविक स्वरूप को खो देने का भय रहता है। इसलिए, जनता को सचेत रहने की सदैव आवश्यकता होती है। फिर भी सरकार जनता की आकांक्षा के अनुसार कार्य न करे, तो ऐसी स्थिति में उसे जीवनदान देने वालों को अपनी शक्ति का अनुमान होना चाहिए। बिना जनेच्छा के राज्य या सरकार पलभर के लिए भी नहीं टिक सकती।

परिपक्व, या दूसरे शब्दों में वास्तविक जनमत का निर्माण कैसे किया जाए? महात्मा गाँधी की मान्यता के अनुसार यह कार्य केवल

सही शिक्षा द्वारा ही हो सकता है। इसलिए सही और वास्तविक शिक्षा की आवश्यकता पर बल देते हुए उन्होंने स्पष्टतः कहा कि यदि सही शिक्षा नहीं दी जाती है, तो जनमत विपरीत मार्ग पर जा सकता है। ऐसी स्थिति में इसे सहन कर पाना अत्यधिक कठिन होगा। गाँधीजी के अनुसारः

"स्वस्थ जनमत ऐसा प्रभावशाली होता है जिसकी पूर्ण महत्ता को हमने (अभी) अनुभव नहीं किया है... जनमत उस समय असहनीय हो सकता है, जब वह आक्रामक एवं हिंसक हो जाए।"[10]

बहुमत और विधायन

जैसा कि हम जानते हैं, बहुमत का सिद्धान्त प्रजातंत्रात्मक शासन में अति महत्त्वपूर्ण भूमिका का निर्वाह करता है; प्रजातंत्र की स्थापना का पैमाना बहुमत का निर्णय होता है। ऐसी स्थिति में जो भी बहुमत तय करे, क्या उसे स्वीकार करना चाहिए? महात्मा गाँधी के दृष्टिकोण से एक सीमा तक बहुमत के निर्णय को स्वीकार करना चाहिए; विशेष विषयों में बहुमत के समक्ष झुकना चाहिए। लेकिन प्रजातंत्र में निरंकुशता को कोई स्थान नहीं है, भले ही वह पूर्ण बहुमत प्राप्त किसी (राजनीतिक) दल की ओर से ही हो। प्रजातंत्र में प्रत्येक की व्यक्तिगत स्वतंत्रता की सावधानीपूर्वक रक्षा की जानी चाहिए। यदि व्यक्तिगत स्वतंत्रता की रक्षा नहीं की जाती है, उसका हनन होता है, तो ऐसी स्थिति में गाँधीजी का कहना हैः

"अल्पसंख्यकों को बहुसंख्यकों के विपरीत जाने का पूरा-पूरा अधिकार है।"[11]

वर्तमान में प्रजातंत्र के लिए बहुमत के सिद्धान्त की उपस्थिति के बावजूद, महात्मा गाँधी आदर्श और पूर्णतः शोषण मुक्त समाज की स्थापना के लिए दोनों-बहुसंख्यकों एवं अल्पसंख्यकों-के सहयोग के इच्छुक थे। इस सम्बन्ध में उनका सुझाव थाः

"हमें आदेश के सिद्धान्त को मूर्खतापूर्ण व तीव्रता से लागू नहीं करने देना है, तथा बहुसंख्यकों के प्रस्ताव का दास (भी) हमें नहीं बनना है। ऐसा करना (तो) पुराने जंगल-राज की जहरीले रूप में पुनरावृत्ति (ही) होगी। यदि अल्पसंख्यकों के अधिकारों का आदर करना है, तो बहुसंख्यकों को उनके मत व कार्य को सहना होगा, तथा उनका आदर करना होगा। यह बहुमत का कर्तव्य होगा कि (वे देखें) अल्पमत वालों की (ठीक से) सुनवाई हो और उनका निरादर न हो।"[12]

उन्होंने यह भी सुझायाः-

"मुक्त मत के अधिकार का दावा और मुक्त कार्य, जैसा हम अपने लिए करते हैं, हमें अन्यों के लिए भी करना चाहिए। बहुमत का शासन, जब यह बल में परिवर्तित हो जाए, उसी प्रकार असहनीय होता है, जैसे कि अल्पमत वाली नौकरशाही। हमें सहनशीलता के साथ अल्पमत वालों को अपने मत के साथ जोड़ना चाहिए; और उन्हें

तर्क व सहमति के आधार पर ही सही ढंग से साथ लाने का प्रयास करना चाहिए।"[13]

महात्मा गाँधी के उक्त सुझावों को सुनिश्चितता प्रदान करने के लिए आवश्यक है कि किसी विधायी कार्यवाही को पूर्ण करने से पहले उस पर धैर्यपूर्वक विचार किया जाए; प्रजातंत्र की विधायी कार्यवाही की पूर्णता के समय धैर्य की माँग को पूर्णतः मस्तिष्क में बनाए रखा जाए।

अधिकार और कर्तव्य

सबके लिए समान अधिकारों की प्रजातंत्र में अपेक्षा होती है। इसके अभाव में स्वतंत्रता का रसास्वादन नहीं हो सकता। स्वतंत्रता, जो सच्चे अर्थों में महात्मा गाँधी के अनुसार, राजनीतिक, सामाजिक, आर्थिक और नैतिक क्षेत्रों में भी स्वतंत्रता के साथ ही पूर्ण होती है,[14] सभी को समानतः, बिना किसी भेदभाव के, यहाँ तक कि शारीरिक रूप से दुर्बल अथवा अपंग को भी प्राप्त होनी चाहिए। तभी समान रूप से प्रजातंत्र की रक्षा हेतु सब अपना योगदान देने में सक्षम होंगे। लेकिन, साथ-ही-साथ, प्रत्येक को अधिकारों की प्राप्ति के समय उसी प्रकार अपने कर्तव्यों के निर्वहन के लिए भी समानतः तैयार रहना चाहिए। महात्मा गाँधी ने इसीलिए कहा कि अधिकार का वास्तविक स्रोत कर्तव्य है। दूसरे शब्दों में, यदि कोई अपने कर्तव्यों का भली-भाँति निर्वहन करता है, तो अधिकार उससे दूर नहीं हैं। उन्होंने

यह भी उचित ही कहा कि जो अपने कर्तव्यों को पूर्ण किए बिना अधिकारों के पीछे दौड़ता है, वे उससे दूर होते जाएँगे। उन्हीं के शब्दों में:

"यदि अधिकारों के लिए आग्रह के बजाए, प्रत्येक अपना कर्तव्य पूर्ण करे, तो मानवता के लिए तुरन्त सुव्यवस्था स्थापित हो जाएगी।"[15]

और:

"बिना कर्तव्य-निर्वहन के प्राप्त अधिकारों का कोई मूल्य नहीं है।"[16]

प्रजातंत्र में समानता का स्थान उच्च होता है, लेकिन अधिकार भी इसका अपवाद नहीं हो सकते। यदि प्रत्येक के लिए समान अधिकारों का प्रावधान न हो, तो ऐसी स्थिति में समान विकास की सम्भावना नहीं रहेगी, तथा अन्ततः प्रजातंत्र अधिक समय तक नहीं टिक पाएगा। यही वास्तविकता है। इसलिए, अधिकारों को प्राप्त करने की इच्छा से पूर्व प्रत्येक को अपने कर्तव्यों के निर्वहन के लिए तैयार रहना चाहिए। प्रजातंत्र को स्थिर व सुदृढ़ करने और साथ ही महात्मा गाँधी के अहिंसा मार्ग पर ले जाने का यही श्रेष्ठ ढंग है।

न्याय और दण्ड

जब मानव-स्थापित संस्था होने के कारण प्रजातंत्र संघर्ष-मुक्त नहीं हो सकता, तो स्वाभाविक है कि वह अपराध-मुक्त भी नहीं रहेगा।

व्यक्ति छोटे-बड़े अपराध करता ही है, भले ही यह शब्द मात्र उन कृत्यों के सम्बन्ध ही प्रयुक्त होता हो, जो कानून की परिधि में अनुचित हों।[17]

अब यदि अपराध हुआ, तथा कानूनी प्रक्रिया में वह सिद्ध हो गया, तो उसके लिए निश्चिततः दण्ड का प्रावधान भी होना चाहिए। लेकिन, दण्ड कितना हो तथा इसकी प्रकृति क्या हो? वह भी विशेषकर प्रजातंत्र में, ताकि प्रत्येक दृष्टि से न्याय स्थापित रहे, यह महत्त्वपूर्ण प्रश्न है। इस सम्बन्ध में महात्मा गाँधी के अपने विचार थे और निस्सन्देह उन विचारों के मूल में उनकी अहिंसा के लिए प्रतिबद्धता थी, जैसा कि पाप के सम्बन्ध में उनकी निम्नलिखित महत्त्वपूर्ण टिप्पणी से पता चलता हैः

"मैं अपने को पाप के परिणाम से बचाना नहीं चाहता हूँ; मैं पाप से ही छुटकारा चाहता हूँ, और पापी विचार से भी; और जब तक इस ध्येय को मैं प्राप्त नहीं कर लेता हूँ, तब तक मैं विश्राम नहीं करूँगा।"[18]

निस्सन्देह मनुष्य जाने-अनजाने पाप करता ही है। सांसारिक व्यवहार ऐसे हैं कि उनमें लिप्त रहते हुए पापों से पूर्णतः बच पाना या उनसे मुक्त हो पाना मनुष्य के लिए सामान्यतः दुष्कर है। ऐसी स्थिति में पाप का फल भोगना आवश्यक है। इसीलिए अपराध हेतु दण्ड का प्रावधान किया गया है। लेकिन दण्ड की मात्रा और प्रकृति ऐसी होनी चाहिए कि उससे अपराधकर्ता को भविष्य में सुधर जाने

का अवसर मिल सके। एक ओर गाँधीवादी दर्शन यही अपेक्षा करता है, जबकि दूसरी ओर ऐसा होने पर प्रजातांत्रिक संस्थाओं को परिपक्वता एवं सुदृढ़ता मिलेगी; लोकतंत्र स्वस्थ एवं सर्वकल्याणकारी बन सकेगा।

महात्मा गाँधी की यह दृढ़ मान्यता थी कि सभी मनुष्यों में समझने और सुधरने की सम्भावना उपस्थित होती है। इसलिए उसे अनुभूति और सुधार के अवसर से वंचित नहीं किया जाना चाहिए। यही कारण था कि गाँधी जी ने 'मृत्यु-दण्ड' के प्रावधान की समाप्ति के विचार का समर्थन किया था।[19]

उक्त विश्लेषण से हमारे समक्ष जो सारांश आता है, वह यह कि प्रजातंत्र जीवन के अन्य क्षेत्रों की ही भाँति छोटी-बड़ी त्रुटियों, कठिनाइयों या समस्याओं से मुक्त नहीं है, भले ही ये प्रवृत्तियाँ अस्थाई हैं; लेकिन महात्मा गाँधी की अपेक्षा के अनुसार पूर्णतः नहीं तो एक बड़ी सीमा तक प्रजातंत्र के विभिन्न अंगों को परिपक्व और सुदृढ़ कर इन प्रवृत्तियों से मुक्त अवश्य किया जा सकता है। इस सम्बन्ध में तत्काल आवश्यकता जन-चेतना और व्यवस्था और अधिक-से-अधिक सम्भव उत्तरदायी बनाने की है; साथ ही इसमें प्रत्येक स्तर पर सुधारों की सम्भावना के प्रावधान का बने रहना भी महत्त्वपूर्ण है।

वास्तव में, सुधार विकास के चिह्न हैं। अन्य व्यवस्थाओं की अपेक्षा प्रजातंत्र की सफलता अधिक सुधार पर निर्भर करती है। ऐसा

इसलिए, क्योंकि प्रजातंत्र दूसरी राजनीतिक व्यवस्थाओं की तुलना में अधिक उत्तरदायी व्यवस्था है, और यदि पूर्ण नहीं, तो एक बड़ी सीमा तक जनकल्याण के ध्येय को प्राप्त करने के लिए समय की माँग के अनुरूप निरन्तर सुधारों की इसमें आवश्यकता रहती है। इसलिए महात्मा गाँधी के प्रजातंत्र के विभिन्न अंगों को परिपक्व एवं स्वस्थ बनाने के साधारण सुझाव विचारणीय हैं। इनके माध्यम से, निश्चिततः, प्रजातंत्र के सुदृढ़ होने की पूरी-पूरी सम्भावनाएँ हैं, तथा निस्सन्देह, सुदृढ़ व स्वस्थ प्रजातंत्र में, न्यूनाधिक, सबके कल्याण का मार्ग प्रशस्त हो सकता है; वह जनता को संघर्षों से बड़ी राहत दे सकता है।

सन्दर्भः

1. महात्मा, खण्ड-5, पृष्ठ 189
2. उपरोक्त, पृष्ठ 12
3. यंग इण्डिया, 4 अक्टूबर 1928
4. महात्मा, खण्ड-5, पृष्ठ 267 (अहिंसक कार्यवाही के सम्बन्ध में अपने दृष्टिकोण का खुलासा करते हुए महात्मा गाँधी कहते हैं, "अहिंसक कार्यवाही का अर्थ विश्व के मत को अपने पक्ष में करना है। मैं जानता हूँ कि सोच-विचार करने वाले पुरुषों और स्त्रियों की अधिकांश संख्या युद्ध-भावना से चिन्तित है; वे शन्ति की चाह रखते हैं, तथा इस सम्बन्ध में भारत द्वारा मार्ग-प्रशस्त किए जाने की आशा रखते हैं। यदि हम ईमानदारी से अहिंसक न हों, तो अपनी ओर से हमारा कोई और दृष्टिकोण नहीं हो सकता। और मैं दोहराता हूँ कि जो कुछ मैंने कहा है... मैं ईमानदार सत्याग्रहियों के एक छोटे-से दल के साथ संघर्ष करूँगा; और ऐसे बड़े सैन्य-दल के साथ जिसके व्यवहार पर मुझे विश्वास ही न हो, मैं शक्तिहीन और असहाय महसूस करूँगा।")
5. क्लेक्टिड ऐसेज, पृष्ठ 39
6. महात्मा गाँधी और अहिंसा, पृष्ठ 95

7. यंग इण्डिया, 7 मई 1931 (वर्तमान में भी प्रजातंत्र के सम्बन्ध में महात्मा गाँधी के विचारों को महत्त्वपूर्ण और सार्थक मानते हुए, मैं उनके पूरे लेख को, जो उन्होंने यंग इण्डिया के लिए 'प्रजातंत्र के खतरे' शीर्षक से लिखा, इस पाण्डुलिपि के परिशिष्ट संख्या-एक में दे रहा हूँ।)
8. आत्मकथा अथवा सत्य के प्रयोग, पृष्ठ 369
9. हरिजन, 13 नवम्बर 1937
10. यंग इण्डिया, 7 मई 1931
11. महात्मा गाँधी और अहिंसा, पृष्ठ 103
12. यंग इण्डिया, 8 दिसम्बर 1921
13. वही उपरोक्त, 26 जनवरी 1922
14. महात्मा, खण्ड-8, पृष्ठ 105
15. हरिजन, 6 जुलाई 1947
16. उपरोक्त।
17. वास्तव में अनेक बार यह शब्द नैतिक अपराध के लिए भी प्रयुक्त होता है। यदि कोई व्यक्ति ऐसे कृत्य में लिप्त होता है, जो नैतिक दृष्टि से अनुचित है, तो निश्चित रूप से वह नैतिक अपराध होगा; और महात्मा गाँधी के दृष्टिकोण से ऐसा अपराध किसी अन्य प्रकार के अपराध से कतई भी कम नहीं हो सकता।
18. आत्मकथा अथवा सत्य के प्रयोग, पृष्ठ 90
19. महात्मा गाँधी और अहिंसा, पृष्ठ 106

प्रयुक्त पुस्तक सूचीः

– अरुण चन्द्र गुहा, इण्डियाज़ स्ट्रगल क्वार्टर ऑफ ए सेन्चुरी, भाग 1-2, प्रकाशन विभाग, नई दिल्ली (भारत), 1982

– एम0 के0 गाँधी, आत्मकथा अथवा सत्य के प्रयोग, नवजीवन पब्लिशिंग हाउस, अहमदाबाद (भारत), 1957

– एम0 के0 गाँधी, यंग इण्डिया साप्ताहिक (1919-1931), नवजीवन पब्लिशिंग हाउस अहमदाबाद (भारत) द्वारा 13 खण्डों में पुनर्मुद्रित, 1984

– एम0 के0 गाँधी, सर्वोदय, नवजीवन पब्लिशिंग हाउस, अहमदाबाद (भारत), 1955

– एम0 के0 गाँधी, हरिजन साप्ताहिक, हरिजन सेवक-संघ के तत्वावधान में प्रकाशित, 1933-41; तदोपरान्त नवजीवन ट्रस्ट, अहमदाबाद (भारत) द्वारा प्रकाशित, 1942-48

- डी0 जी0 तेन्दुलकर महात्माः लाइफ ऑफ मोहनदास करमचन्द गाँधी, 8 खण्ड, वी0 के झवेरी एण्ड डी0 जी0 तेन्दुलकर, बम्बई (भारत), 1951-54
- रवीन्द्र कुमार, क्लेक्टिड ऐसेज वायस ऑफ एन इन्डोलोजिस्ट, सारा पब्लिकेशंस, मेरठ (भारत), 1996
- रवीन्द्र कुमार, गाँधीयन थॉटः एन ओवर व्यू, ज्ञान पब्लिशिंग हाउस, नई दिल्ली (भारत), 2006
- रवीन्द्र कुमार, ग्लोबल पीस-एन इण्टरनेशनल जरनल ऑफ फिलोसोफी, पीस, एज्युकेशन, कल्चर एण्ड सिविलायजेशन, वोल्यूम-1, नम्बर-1 से वोल्यूम-6, नम्बर-4 तक, वर्ल्ड पीस मूवमेण्ट ट्रस्ट, मेरठ (भारत), 2001-06
- रवीन्द्र कुमार, चम्पारन टू क्विट इण्डिया मूव्रमेण्ट, मित्तल पब्लिकेशंस, नई दिल्ली (भारत), 2002
- रवीन्द्र कुमार, महात्मा गाँधी और अहिंसा, कल्पाज़ पब्लिकेशंस, नई दिल्ली (भारत), 2007
- सुशन ऐवेंजिलिस्टा, नान-वाइअलंसः ए टैक्सट्, आई0 एस0 पी0, ऐटेनियो डी मनीला यूनिवर्सिटी, मनीला (फिलीपीन्स), 1994

4

महात्मा गाँधी, गाँधीवाद और शान्ति की संस्कृति

“धार्मिक शिक्षा के पाठ्यक्रम में अपने अतिरिक्त अन्य धर्मों के सिद्धान्तों का अध्ययन भी सम्मिलित होना चाहिए। इसके लिए विद्यार्थियों को ऐसी शिक्षा दी जानी चाहिए, जिसके अन्तर्गत वे संसार के विभिन्न महान धर्मों के सिद्धान्तों को आदर के साथ, उदारतापूर्वक तथा सहनशीलता की भावना को ऊपर रखते हुए, उन्हें समझने की आदत डालें।”

—महात्मा गाँधी

महात्मा गाँधी और उनकी विरासत

अपने व्यक्तिगत जीवन में महात्मा गाँधी अत्यधिक साधारण एवं सरल थे। उनके साधारण और सरल जीवन को उन्हीं के समकालीन और बीसवीं शताब्दी के महान वैज्ञानिक अल्बर्ट आइन्सटीन के निम्नलिखित वक्तव्य से भली-भाँति समझा जा सकता था।

"कदाचित्, यह सम्भव है, भावी पीढ़ियाँ कम ही विश्वास करें कि इनके जैसा मानव इस पृथ्वी पर सशरीर उपस्थित रहा था।"[1]

इसी के साथ, अपने अद्वितीय और अनुकरणीय विचारों के माध्यम से जो विरासत महात्मा गाँधी ने मानवता के लिए छोड़ी, उसे भी आइन्सटीन की निम्नलिखित टिप्पणी से जाना जा सकता है:

"राजनीतिक इतिहास में महात्मा गाँधी के जीवन की उपलब्धि अद्वितीय है। उन्होंने एक सताए हुए देश की मुक्ति हेतु संघर्ष के लिए पूर्णतः नए और मानवीय साधन की खोज की, तथा इसे पूरी ऊर्जा व श्रद्धा के साथ प्रयुक्त किया। सम्पूर्ण सभ्य संसार के सचेत व विचारशील मानव पर जो नैतिक प्रभाव वे रखते थे, हमारे अपने समय से कहीं अधिक एवं अनुमान से परे अमानवीयताग्रस्त हिंसक शक्तियो के बोलबाले वाले भविष्यत्काल में वह प्रभाव मनुष्य पर होगा। ऐसा इसलिए, क्योंकि अपने उदाहरण तथा शैक्षणिक कार्यों के माध्यम से अपनी जनता की नैतिक शक्ति को जागृत करने तथा उसे

सुदृढ़ करने वाले राजनीतिज्ञों का कार्य ही अन्ततः प्रभावकारी सिद्ध होता है।

"हम ऐसे समकालीन, जो भावी पीढ़ियों के लिए आदर्श प्रतिमान हैं, को हमें प्रदान करने के लिए नियति का आभार व्यक्त करने के साथ ही प्रसन्नता अनुभव कर सकते हैं।"

यही नहीं, बीसवीं शताब्दी के एक अन्य महान व्यक्ति रोमां रोलां ने कहाः

"महात्मा गाँधी दूसरे ईसा मसीह हैं।"[2]

निस्सन्देह, दोनों महान व्यक्तियों के वक्तव्य जहाँ एक ओर अतिसाधारण हैं, वहीं दूसरी ओर वे महात्मा गाँधी के व्यक्तित्व व कृतित्व पर विचार करने का संसार का आह्वान करते हैं; गाँधीजी के विचारों की वर्तमान में प्रासंगिकता, विशेषकर मानवता के अस्तित्व को सुरक्षित करने और प्रत्येक के लिए प्रगति का मार्ग स्पष्ट करने वाली शान्ति की संस्कृति के विकास हेतु आगे बढ़ने को प्रोत्साहित करते हैं।

गाँधीवाद

शान्ति की संस्कृति के विकास हेतु महात्मा गाँधी के कार्यों और विचारों की महत्ता और प्रासंगिकता का विश्लेषण करने से पूर्व हमारे लिए विशेषतः यह जानना आवश्यक है कि उनके विचार हैं क्या? दूसरे शब्दों में, गाँधीवाद है क्या?

यद्यपि स्वयं महात्मा अपने विचारों को किसी 'वाद' की परिधि में लाए जाने के पूर्ण विरोधी थे; उनकी दृष्टि से ऐसा करना विचारों को संकुचित बनाना तथा उनकी महत्ता को कम करना है। तो भी उनके विचारों को गाँधीवाद का नाम दिया जाता है, लेकिन ऐसा किए जाने के बाद भी यह गाँधीवाद का वास्तविक परिचय नहीं है, क्योंकि गाँधीवाद उनके विचार मात्र ही नहीं हैं। गाँधीवाद में मानव-विश्व के समक्ष उनके द्वारा प्रस्तुत किए गए विचारों के अतिरिक्त उन्हीं के अनुरूप, अधिकाधिक सम्भव उन कार्यों का समावेश भी है, जो उन्होंने अपने व्यक्तिगत और सार्वजनिक जीवन में निष्पादित किए। जो केवल गाँधी के विचारों को गाँधीवाद मानते हैं, वे सही नहीं हैं; मात्र उनके सिद्धान्त को ही गाँधीवाद स्वीकार नहीं किया जा सकता।

जैसा कि सर्वविदित है, गाँधीवाद अहिंसा के चहुँओर घूमता है;[3] और अहिंसा सार्वकालिक, सर्वकल्याणकारी, शाश्वत, प्राचीनतम्, एवं व्यक्तिगत व सामाजिक मूल्य है। यह सक्रिय बल है, ईश्वर से जुड़ी हुई है, तथा इस रूप में सत्य होने के साथ-साथ स्वयं में परम धर्म भी है।[4] अहिंसा मानव-स्वभाव में स्थाई रूप से उपस्थित है और अस्तित्व की अनिवार्य शर्त है; मानव के विकास और उद्‌देश्य-प्राप्ति का आधार तथा साधन है।

हम प्रत्येक प्राणी की भली-भाँति जीने की इच्छा को समझ सकते हैं। हम अपने उत्थान की तीव्र इच्छा कर सकते हैं। लेकिन

हमारे जीवन का जो उद्देश्य है, कई बार उसे हम नहीं जान पाते हैं। वास्तव में, दोनों-आध्यात्मिक तथा सामाजिक-दृष्टिकोणों से शान्ति-प्राप्ति ही हमारे जीवन का उद्देश्य है।[5] यही सृष्टि की उत्पत्ति का उद्देश्य भी है; सभी, वे नास्तिक हों या आस्तिक, इस वास्तविकता को स्वीकारते हैं। यही कारण है कि दिन-प्रतिदिन के व्यवहारों के निष्पादन में अहिंसा के व्यक्तिगत और सामूहिक, दोनों, स्तरों पर विकास हेतु बल दिया गया है।

न केवल तीर्थंकर महावीर ने ही, जिनमें अहिंसा सर्वश्रेष्ठ रूप से आविर्भूत हुई,[6] अथवा गौतम बुद्ध और महात्मा गाँधी ने ही,[7] अपितु पूरब और पश्चिम, दोनों संसारों, के दार्शनिकों, विचारकों और शान्ति-दूतों ने अहिंसा को आधार मानकर, अथवा इसे केन्द्र में रखकर ऐसी संस्कृति के निर्माणार्थ प्रयास किए, जिससे मानवता का अस्तित्व सुरक्षित रहे, प्रगति की राह निरन्तर बनी ही रहे, और अन्ततः ध्येय-प्राप्ति सामने हो। इन प्रयासों में अभी भी कोई कमी नहीं आई है; और यह प्रक्रिया आगे भी निरन्तर जारी रहेगी।

मानव-इतिहास, जो लाखों वर्षों का है तथा जो अनेक कालों में विभक्त है, बारम्बार इस वास्तविकता की पुष्टि करता है कि सम्पूर्ण प्राणी-जगत में केवल मनुष्य ही बुद्धि और सृजनात्मकता से युक्त है; तथा इन्हीं दो विशिष्टताओं के बल पर वह करके सीखने की प्रक्रिया से गुज़रने में सक्षम हो सका है। दूसरे शब्दों में, विशेषकर गाँधीवादी दृष्टिकोण से यही वास्तविक शिक्षा थी, जिसने अहिंसा की जागृति

और दैनिक कार्य-कलापों में, परिवर्तित समय व स्थान की माँग के अनुरूप, साधन अपनाते हुए इसके उपयोग हेतु सर्वप्रमुख भूमिका का निर्वाह किया। ऐसा किया जाना आवश्यक भी था, विशेषकर उन लोगों के दृष्टिकोण से, जो शिक्षा का अभिप्राय 'सा विद्याया विमुक्ते'[8] मानते हैं।

हम जानते है कि इसी कड़ी में, बीसवीं शताब्दी में, महात्मा गाँधी ने जन-चेतना के लिए अहिंसा को केन्द्र में रखते हुए एक आश्चर्यजनक, लेकिन साधारण और औचित्यमय मार्ग दिखाया। जब महात्मा गाँधी के इस मार्ग को मैं आश्चर्यजनक, साधारण और औचित्यमय कहता हूँ, तो उसका कारण यह है कि महात्मा गाँधी ने अहिंसा से सम्बन्धित पूरब और पश्चिम के समस्त प्राचीन, समकालीन अथवा नवीन सिद्धान्तों में समन्वय स्थापित कर इसे नया आयाम प्रदान किया; सबके द्वारा ग्रहण किए जाने योग्य इसे बनाया। प्रत्येक, न्यूनाधिक, अपनी कल्पना की अहिंसा गाँधीजी के इससे सम्बन्धित सिद्धान्त में ढूँढ सकता है; वह इस पर व्यवहार कर सकता है। यही उनकी अहिंसा की अद्वितीय और पृथक मान्यता वाली विशेषता है। इस सम्बन्ध में मैं एक बार पुनः आइन्सटीन को उद्धृत करना चाहूँगा। वे कहते हैं:

"मेरा विश्वास है कि समस्त समकालीन राजनीतिज्ञों के विचारों में गाँधी के विचार सबसे प्रबुद्ध हैं।"

गाँधी, शिक्षा और शान्ति की संस्कृति

अहिंसा को दिन-प्रतिदिन के मानवीय व्यवहारों का अधिक-से-अधिक सम्भव आधार बनाने के उद्देश्य से महात्मा गाँधी इसे प्रारम्भ से ही शिक्षा का अविभाज्य तथा अनिवार्य भाग बनाने के पक्ष में थे। प्रारम्भ से ही नैतिकता तथा सदाचार की शिक्षा प्रदान करते हुए, इन दोनों के मनुष्य में विकास पर गाँधीजी का बल था, ऐसा करना उस चहुँमुखी[9] शिक्षा की ओर कदम रखना था, जिसे मैं स्वयं प्रस्तावित करने का प्रयास कर चुका हूँ, और जो एक ओर व्यक्तित्व के सम्पूर्ण विकास के लिए आवश्यक है, तो दूसरी ओर शान्ति की संस्कृति के निर्माण के लिए भी अपरिहार्य है। साथ ही, यह महात्मा गाँधी के सार्थक शिक्षा-सम्बन्धी अद्वितीय और ग्रहण करने योग्य उस दो पहलुओं वाले[10] विचार का एक पहलू भी है, जो शिक्षा पद्यति को एक आयाम प्रदान करता है।

इसके माध्यम से, स्वयं महात्मा गाँधी के अनुसार, ज्ञान द्वारा शिक्षार्थी की बुद्धि का श्रेष्ठतः विकास करना है। उन्हीं के शब्दों मेंः

“शिक्षा का अर्थ बालक एवं व्यक्ति की काया, चेतना और बुद्धि को श्रेष्ठ ढंग से विकसित करना है।[11]

महात्मा गाँधी की व्याख्या और कल्पना वाली शिक्षा में हाथों, पैरों, कानों तथा नासिका सहित काया के सभी अंगों का व्यायाम सम्मिलित है; यह नैतिकता और सदाचार को श्रेष्ठ और तीव्र गति से

विकास प्रदान करती है, जो अन्ततः आत्मिक जागृति के लिए आवश्यक है। यदि शिक्षा यह सब कुछ न कर सके, तो वह मूल्यहीन होगी, तथा उद्देश्य-विहीन भी।

निस्सन्देह, नैतिकता-रहित और सदाचार-रहित शिक्षा न तो अच्छी और पूर्ण मानी जा सकती है, तथा न ही उद्देश्यपूर्ण। ऐसा इसलिए, क्योंकि बिना नैतिकता एवं सदाचार के कोई छात्र, या छात्र-जीवन के उपरान्त व्यक्ति, मानसिक और शारीरिक, दोनों, रूपों में स्वस्थ नहीं हो सकता। आत्मनियंत्रण और सुचरित्रता नैतिकता तथा सदाचार से ही सम्भव हैं; इनकी अनुपस्थिति में उचित और अनुचित का भेद करने में व्यक्ति सक्षम नहीं हो सकता और अन्ततः ऐसी स्थिति में व्यक्तित्व[12] का चहुँमुखी विकास असम्भव होगा।

इसीलिए, वह जो नैतिकता से भरपूर नहीं है, तथा उचित-अनुचित का भेद करने में सक्षम नहीं है, वह छात्र से आपेक्षित स्तर तक ऊँचा नहीं उठ सकता; और जो आपेक्षित स्तर तक ऊँचा उठने में अक्षम है, वह निश्चिततः शान्ति की संस्कृति के विकास में कोई योगदान नहीं दे सकता। महात्मा गाँधी के शब्दों में:

"शिक्षा-द्वारा तभी चहुँमुखी विकास सम्भव हो सकता है, जब (नैतिकता और सदाचार के ज्ञान सहित) शिक्षार्थी की शारीरिक और आध्यात्मिक योग्यताओं का विकास हो।"[13]

वास्तव में, शान्ति की संस्कृति की स्थापना के लिए आध्यात्मिक विकास की प्राप्ति, जो महात्मा गाँधी की दृष्टि में शिक्षा का अनिवार्य भाग होना चाहिए, नैतिकता और सदाचार के माध्यम से ही सम्भव है। यदि दूसरे दृष्टिकोण से भी विश्लेषण करें, तो इस बात की पुष्टि होती है। हम शिक्षा का ध्येय मोक्ष-प्राप्ति मानते हैं। अर्थात, सा विद्याया विमुक्ते। साथ ही, शिक्षा को पूर्ण शान्ति का आधार भी स्वीकार करते हैं। ऐसा होने पर इसे आध्यात्मिकता से तब कैसे पृथक किया जा सकता है? इसीलिए, महात्मा गाँधी ने छात्रों में नैतिकता और न्यायोचित दृष्टिकोण की सुदृढ़ता के उद्देश्य से कुछ विशेष नियमों की बात की; साथ ही उन्होंने आध्यात्मिकता के ज्ञान को शिक्षा का अविभाज्य और आवश्यक भाग बनाने पर बल भी दिया।

इस सम्बन्ध में उन्होंने एक ओर यह स्पष्टतः कहा कि छात्र उच्च नैतिक-मूल्यों और सकारात्मक सोच के साथ आत्म-नियंत्रण रखते हुए शिक्षा ग्रहण करें, तो दूसरी ओर उनका छात्रों का सामान्यतः सामुदायिक व सामाजिक सेवा का आह्वान भी रहा। साथ ही, माता-पिता, अध्यापकों और अन्यों के सम्मान, छोटों की देखभाल और सामाजिक-मूल्यों की जागृति की कर्तव्यों एवं उत्तरदायित्वों के रूप में आशा भी गाँधीजी ने छात्र-वर्ग से की। अन्ततः दोनों-कर्तव्य एवं उत्तरदायित्व-न केवल शान्ति को बनाए रखने में महत्त्वपूर्ण और सदा प्रासंगिक रहते हैं, अपितु शान्ति-संस्कृति की स्थापना में भी इनकी भूमिका प्रमुख रहती है।

धार्मिक शिक्षा और शान्ति

महात्मा गाँधी विद्यालयों और महाविद्यालयों में धार्मिक शिक्षा दिए जाने के पक्षधर थे। 25 अगस्त, 1927 को यंग इण्डिया में उन्होंने लिखाः

"मैं जानता हूँ, भारत जैसे देश में, जहाँ संसार के अधिकतर धर्मों का प्रतिनिधित्व है तथा जहाँ धर्मों में भी अनेक वर्ग हैं, वहाँ धार्मिक शिक्षा के प्रावधान में कठिनाई होगी। लेकिन, तो भी, भारत को यदि आध्यात्मिक दिवालिएपन से बचना है, तो नवयुवकों को कम-से-कम उतनी धार्मिक शिक्षा अवश्य देनी होगी, जितनी धर्मनिर्पेक्ष स्वरूप बनाए रखने के लिए आवश्यक है।"

"कम-से-कम उतनी, जितनी धर्मनिर्पेक्ष स्वरूप बनाए रखने के लिए आवश्यक है", महात्मा गाँधी के उक्त वक्तव्य से ये शब्द उनके दृष्टिकोण को स्पष्ट करने में अत्यधिक महत्त्वपूर्ण हैं। उनका विश्वास है कि समस्त धर्म-सम्प्रदायों में अनेक आधारभूत मूल्य सामान्य एवं वास्तविक हैं; सभी समान रूप में नैतिकता, प्रेम, सदाचार एवं अनेक अन्य श्रेष्ठताओं को अंगीकार करने के लिए बल देते हैं, जो निश्चित ही मनुष्य का समाज में शान्ति-स्थापना की दिशा में योगदान करने का आह्वान है।

इसलिए शिक्षा में धार्मिक अध्ययन को सम्मिलित किए जाने का महात्मा गाँधी का आह्वान छात्रों में नैतिकता एवं सदाचार

सुदृढ़ करने की उनकी इच्छा में देखा जा सकता है। इस तरह की शिक्षा मानवीय चरित्र को सहिष्णुता, सहनशीलता और पर-जीवन के प्रति आदर से भी भरपूर करती है। इसके अतिरिक्त, इस सन्दर्भ में, धार्मिक शिक्षा की महत्ता और आवश्यकता को स्वीकार करते हुए यंग इण्डिया के एक अंक में महात्मा गाँधी ने यहाँ तक लिखाः

"धार्मिक शिक्षा के पाठ्यक्रम में अपने अतिरिक्त अन्य धर्मों के सिद्धान्तों का अध्ययन भी सम्मिलित होना चाहिए। इसके लिए विद्यार्थियों को ऐसी शिक्षा दी जानी चाहिए, जिसके अन्तर्गत वे संसार के विभिन्न महान धर्मों के सिद्धान्तों को आदर के साथ, उदारतापूर्वक तथा सहनशीलता की भावना को ऊपर रखते हुए, उन्हें समझने की आदत डालें।"[14]

यद्यपि छात्रों और छात्र-जीवन के उपरान्त समाज के उत्तरदायी नागरिकों के रूप में व्यक्तियों में सदाचार तथा नैतिकता की शिक्षा की सुनिश्चितता के उद्देश्य से महात्मा गाँधी ने प्रत्येक सम्बन्धित-माता-पिता, अध्यापक, सामाजिक नेता, छात्र या स्वयं व्यक्ति के लिए उत्तरदायित्व निर्धारित किया, लेकिन उन्होंने इस सम्बन्ध में प्रारम्भिक से उच्चतर स्तर तक के शिक्षाकाल में अध्यापकों का विशेष आह्वान किया। उन्हीं के शब्दों मेंः

"यदि समुचित रूप में यह कार्य किया जाता है, तो (निश्चिततः) इससे उनमें आध्यात्मिक विकास की सम्भावना बढ़ेगी (जो शान्ति की

संस्कृति की स्थापना की ओर कदम है)... तथा साथ ही, अच्छे-बुरे की परख हेतु वे सक्षम बन सकेंगे।''[15]

इस सम्बन्ध में अध्यापकों के लिए दिशा-निर्देश सुझाते हुए उन्होंने कहा कि छात्रों में उच्च नैतिकता का विकास, साथ ही उनके चरित्र को सुदृढ़ करना अध्यापकों का कर्तव्य है। यदि वे अपने इस कर्तव्य के निर्वहन में चूक करते हैं, तो इसका अर्थ होगा कि वे अपने सामाजिक तथा राष्ट्रीय दायित्वों से विमुख होते हैं; इसी के साथ, वे अपने पवित्र पेशे के प्रति गम्भीर नहीं रहते हैं। महात्मा गाँधी ने कहा कि अध्यापक को अनुकरणीय आदर्श की स्थापना करनी चाहिए; उनके द्वारा स्थापित आदर्श समाज और छात्र-वर्ग के लिए गर्व का विषय बनें। ऐसा तभी सम्भव हो सकता है, जब स्वयं अध्यापक का चरित्र सुदृढ़ अनुशासन की परिधि में हो; वह नैतिकता से भरपूर हो। आदर्श अध्यापक व्यसनमुक्त होना चाहिए। वह विनम्र हो तथा 'साधारण जीवन और उच्च विचार' रखते हुए सदाचारी के रूप में समाज में प्रतिष्ठित रहे। उसे ध्यान रखना चाहिए कि वह वक्त-नष्टी न हो, क्योंकि समय-भंजन पाप है; इसीलिए अपने कर्तव्यों के प्रति सदा सजग रहते हुए, अध्यापक को चाहिए कि वह छात्र-वर्ग और समाज के कल्याणार्थ जुटा रहे। महात्मा गाँधी ने इसी के साथ-साथ, छात्र-वर्ग का आह्वान करते हुए उनसे नैतिकता व सदाचार की शिक्षा को निरन्तर अपने अध्ययन का भाग बनाए रखने को कहा। ऐसा करते हुए, निश्चित रूप से, छात्र-वर्ग स्वयं उस सार्थक शिक्षा के

विकास की दिशा में योगदान कर सकता है, जो सम्पन्न, शान्तिमय और आदर्श समाज की स्थापना के लिए आवश्यक है। साथ ही, गाँधीजी ने इस शिक्षा की निरन्तरता पर बल दिया; प्रत्येक का अन्त तक इसका दामन थामे रखने का आह्वान किया।

सार्थक शिक्षा और शान्ति की संस्कृति

शान्ति की संस्कृति के निर्माणार्थ गाँधीवादी दर्शन से सम्बन्धित सार्थक शिक्षा का दूसरा पहलू भी महत्त्वपूर्ण है। यह पहलू तकनीकी शिक्षा है, भले ही महात्मा गाँधी ने बीसवीं शताब्दी के तीसरे और चौथे दशक में इसके लिए 'बुनियादी' शब्द प्रयुक्त किया हो और इसका प्रयोजन जनमानस में हथकरघे तथा कुटीर उद्योगों का विकास रहा हो।

चूँकि गाँधीजी के उक्त विचारों, और साथ ही इस सम्बन्ध में उनके प्रयासों के मूल में युवाओं व युवतियों को आर्थिक क्षेत्र में सक्षम बनाया था, इसीलिए विशेषकर 'बुनियादी शिक्षा' का उनका विचार वर्तमान परिस्थितियों में भी विचारणीय है। इस विचार का आधुनिक समय की 'तकनीकी' अथवा 'रोजगार-परक' शिक्षा से कोई संघर्ष नहीं है; आत्मनिर्भरता एवं सम्पन्नता ही इसके मूल में हैं। निस्सन्देह, कोई आत्मनिर्भर और सम्पन्न व्यक्ति ही समाज तथा राष्ट्र की शान्ति के लिए, साथ ही सर्वत्र तथा वास्तविक शान्ति की संस्कृति के निर्माण के लिए आपेक्षित योगदान दे सकता है।

महात्मा गाँधी के सार्थक शिक्षा के इस पहलू वाले विचार की महत्ता और कई गुना तब बढ़ जाती है, जब वे तकनीकी ज्ञान को अध्ययन के प्रारम्भिक दिनों से ही, स्वयं बालक में मौजूद गुणों में से प्रधान गुण को सावधानीपूर्वक पहचानकर तथा उसी को केन्द्र में रखकर, या दूसरे शब्दों में, उसे ही आधार बनाकर, आगे बढ़ने की बात करते हैं। आज पूर्णतः परिवर्तित परिस्थितियों में, मेरा विचार है, इसका कोई दूसरा सुदृढ़ विकल्प नहीं है। मेरा यह भी मानना है कि यदि सम्बन्धितजन, भारत में ही नहीं, अपितु सारे विश्व में, गम्भीरतापूर्वक व सावधानी से इसका अध्ययन एवं विश्लेषण करें, तो समय की माँग और परिस्थितियों के अनुरूप इसे प्रत्येक स्थान पर व्यवहार में लाया जा सकता है; यह हर स्थान पर श्रेष्ठ फल प्रदान करने में सक्षम हो सकता है।

निष्कर्ष

यही है महात्मा गाँधी का विचार, जो पृथ्वी पर बसने वाले प्रत्येक मनुष्य को भयरहित होकर, अपने अस्तित्व को सुरक्षित करते हुए समान रूप से विकास की प्रक्रिया में भागीदारी का सुअवसर प्रदान करता है; जो शान्ति की संस्कृति के निर्माणार्थ सबके योगदान को सुनिश्चित करता है।

वास्तव में, गाँधी-विचार और शिक्षा-सम्बन्धी गाँधीवादी अवधारणा, विशेष रूप से सार्थक शिक्षा के सन्दर्भ में गाँधीजी का

दृष्टिकोण, अन्ततः शान्ति की ही शिक्षा है और इसका उद्‌देश्य मनुष्य का चहुँमुखी विकास है। यह उन्हीं के शब्दों में:

"विभिन्न स्तरों में बँटी अन्तहीन प्रक्रिया है...।"

इसकी महत्ता इस विचार में है कि शिक्षा निश्चिततः मनुष्य को आत्म-निर्भर बनाने का कार्य करे; विशेषकर प्रजातंत्रात्मक शासन-पद्धति में इस सम्बन्ध में इसका महत्त्व और भी अधिक है। इसीलिए, मेरा मानना है कि इसकी प्रासंगिकता को कम करके नहीं आँकना चाहिए; इसे व्यापक परिप्रेक्ष्य में लागू किया जाना चाहिए। इस सम्बन्ध में समय की माँग है कि गाँधी के विचार को देश-काल की परिवर्तित परिस्थितियों में समझा जाए, और शैक्षणिक प्रक्रिया में विश्वभर में इसे अपनाया जाए।

सन्दर्भ

1. गाँधीयन थॉट : एन ओवरव्यू, पृष्ठ 15
2. उपरोक्त, पृष्ठ 123
3. यद्यपि हिंसा से पूर्ण विरति ही अहिंसा है; अथवा अपने मन, वचन व कर्म से किसी अन्य के मन, वचन एवं कर्म को आहत न करने तथा किसी का जीवन न लेना अहिंसा है, लेकिन इसकी अन्तिम व आवश्यक जाँच के बारे में गाँधीजी का तर्क कि 'हिंसा और अहिंसा की अन्तिम कसौटी कर्म के पीछे रही भावना होती है' विचारणीय है।
4. 'श्रेष्ठता-धारण', 'कर्तव्य' और 'जीवन-मार्ग' सहित इसके समस्त अर्थों व अभिप्रायों में।
5. यदि हम (मानव) उत्पत्ति के पीछे किसी उद्‌देश्य को स्वीकार नहीं करते हैं, तो हमारे जीवन का कोई अर्थ ही नहीं रहेगा। यही कारण है कि 'उद्‌देश्य' की अवधारणा को हम स्वीकार करते हैं, भले ही हम नास्तिक हों या आस्तिक। गौतम

बुद्ध हो अथवा तीर्थंकर महावीर, प्रभु ईसा मसीह हों या हजरत मुहम्मद सभी एकमत हैं कि सृष्टि के पीछे उद्‌देश्य है।

6. जो इसे आत्मिक शक्ति घोषित करते हैं।

7. जो अन्ततः इसे स्वाभाविक मूल्य के रूप में स्वीकार करते हैं।

8. इसका यह है कि शिक्षा मोक्ष-द्वार तक ले जाती है।

9. अन्य तीन हैं : सामान्य (निर्धारित पाठ्यक्रमानुसार), शारीरिक और तकनीकी (बुनियादी)

10. बुनियादी अथवा तकनीकी शिक्षा।

11. इक्कीसवीं शताब्दी के प्रारम्भ में महात्मा गाँधी, पृष्ठ 32

12. चहुँमुखी विकास के सम्बन्ध में 31 जुलाई, 1937 को महात्मा गाँधी ने हरिजन में लिखा कि वे बालक या व्यक्ति में मौजूद शारीरिक, मानसिक और आत्मिक क्षमता को श्रेष्ठतः उजागर करना चाहते हैं; साहित्यिक ज्ञान मात्र ही शिक्षा का प्रारम्भ या अन्त नहीं हो सकता।

13. हरिजन, 8 मई 1937

14. यंग इण्डिया, 6 दिसम्बर 1928 (6 दिसम्बर, 1931 को 'धार्मिक शिक्षा' शीर्षक से इस सम्बन्ध में यंग इण्डिया में गाँधीजी ने एक लेख लिखा, जिससे सम्पूर्णतः मैं परिशिष्ट संख्या 2 में दे रहा हूँ)।

15. यंग इण्डिया, 6 दिसम्बर 1923

प्रयुक्त पुस्तक सूची

- एम०के० गाँधी, यंग इण्डिया साप्ताहिक, अहमदाबाद (भारत), 6 दिसम्बर 1923; 4 अक्टूबर 1928
- एम०के० गाँधी, हरिजन साप्ताहिक, अहमदाबाद (भारत), 15 जुलाई 1939; 30 सितम्बर 1939; 6 जुलाई 1940
- डी०जी० तेन्दुलकर, महात्मा : लाइफ ऑफ मोहनदास करमचन्द गाँधी, खण्ड-5, वी०के० झवेरी एण्ड डी०जी० तेन्दुलकर, बम्बई (भारत), 1952
- मारटिन ग्रीन, टालस्टाय एण्ड गाँधी, मैन ऑफ पीस : ए बाइऑग्राफि, बेसिक बुक्स, न्यूयार्क (संयुक्त राज्य अमरीका), 1983

– रवीन्द्र कुमार, बीसवीं शताब्दी के अन्त पर महात्मा गाँधी, अनमोल पब्लिशिंग हाउस, नई दिल्ली (भारत), 2004

– रवीन्द्र कुमार, ऐसेज ऑन गाँधीस्म एण्ड पीस, कृष्णा पब्लिकेशंस, मेरठ, उत्तर प्रदेश (भारत), 1999

– रवीन्द्र कुमार, गाँधीयन थॉट : एन ओवर व्यू, ज्ञान पब्लिशिंग हाउस, नई दिल्ली (भारत), 2006

– रवीन्द्र कुमार, महात्मा गाँधी और अहिंसा, कल्पाज पब्लिकेशंस, नई दिल्ली, (भारत), 2007

– रवीन्द्र कुमार, इक्कीसवीं शताब्दी के प्रारम्भ में महात्मा गाँधी, ज्ञान पब्लिशिंग हाउस, नई दिल्ली (भारत) 2006

– लियो टालस्टाय, द लॉ ऑफ वायलैंस एण्ड द लॉ ऑफ लव, द यूनिकार्न प्रेस, लंदन (यू०के०) 1959

– लूइस फिशर गाँधी : हिज लाइफ एण्ड मैसिज फॉर द वर्ल्ड, न्यू अमरीकन लाइब्रेरी, न्यूयार्क (संयुक्त राज्य अमरीका), 1954

●●●●

5

समाज और छात्र-वर्ग के लिए गाँधीवाद की सार्थकता

"मेरा सदा यह मत रहा है कि निम्नतम् को भी न्यूनतम् सामाजिक न्याय शक्ति-प्रयोग द्वारा प्राप्त नहीं हो सकता। मेरा यह भी विश्वास है कि (कथित) निम्नतम् अहिंसा के प्रशिक्षण द्वारा न केवल इसे प्राप्त कर सकता है, अपितु कठिनाइयों के जाल से अपने को सुरक्षित भी कर सकता हैं। यही अहिंसक असहयोग है।"

—महात्मा गाँधी

सामान्य प्रेक्षण

यद्यपि अपने सम्पूर्ण जीवनकाल में महात्मा गाँधी ने न तो समाज के सम्बन्ध में कोई पृथक पुस्तक लिखी तथा न ही क्रमबद्ध रूप से इस पर अपने विचार प्रकट करने के उद्देश्य से शृंखलाबद्ध लेख लिखे, किन्तु इसके बावजूद समाज की वास्तविकता का उन्हें गहराई से ज्ञान था, और समाज के विभिन्न अंगों की कार्य प्रणाली से वे भली-भाँति परिचित थे। अपने उसी गहरे ज्ञान के बल पर वे अपने समय की सामाजिक समस्याओं, विशेषकर भारतीय समाज से जुड़ी गम्भीर समस्याओं के मूल में गए तथा समानता, बन्धुत्व, पारस्परिक विश्वास और सम्मान के आधार पर उन समस्याओं के समाधानार्थ उन्होंने सुझाव दिए। चूँकि वर्तमान में भी उसी प्रकार की कई समस्याएँ विद्यमान हैं, इसलिए गाँधीजी के अपने समय में समस्याओं के समाधानार्थ दिए गए सुझाव अभी भी, न्यूनाधिक, कारगर हैं।

उदाहरण के लिए, सर्वप्रथम हम भारत में पूँजीपतियों तथा श्रमिकों के मध्य वर्ग-युद्ध के सम्बन्ध में उनके विचारों और समझ और दोनों के बीच संघर्ष की स्थिति, या इसके अतिरिक्त भू-पतियों-जमींदारों एवं किसानों के मध्य टकराव की दशा में, समाधानार्थ सुझावों की चर्चा कर सकते हैं। उनका इस सम्बन्ध में कहना थाः

"समान न्याय पर आधारित सबके मूल अधिकारों से सम्बन्धित वृहद् साम्यवाद हेतु वर्ग-युद्ध भारत के लिए निश्चित रूप से विदेशी परिकल्पना है।"[1]

यदि ईमानदारी के साथ हम महात्मा गाँधी के उक्त लघु वक्तव्य की समीक्षा करते हैं, तो उसमें हमें बड़ी सीमा तक सत्यता मिलेगी। हजारों जातियों और उप-जातियों में भारतीय समाज के विभाजन के बाद भी इसके सम्पूर्ण इतिहास में एक भी ऐसा उदाहरण हमारे समक्ष नहीं आता है, जिसकी साम्यवादी व्याख्या अथवा परिकल्पना से समानता हो सके। भारतीय समाज का निर्माण साँझी संस्कृति से हुआ है; समन्वय इसकी प्रमुख विशेषता है। इसने कभी भी, प्रयास करने के बावजूद, वर्ग-युद्ध के बीज अंकुरित नहीं होने दिए, यद्यपि गत शताब्दी में तो इस हेतु विशेष प्रयास भी किए गए। भविष्य में भी, मुझे लगता है, ऐसे किसी प्रयास के भलीभूत होने की कोई सम्भावना नहीं है।

लेकिन इसके बावजूद भी ऐसा नहीं समझना चाहिए कि महात्मा गाँधी शोषित को शोषक के समक्ष आत्मसमर्पण करने का परामर्श देते हैं, अथवा वे अन्याय के समक्ष झुकने की बात करते हैं। स्वयं महात्मा गाँधी के शब्दों में:

"मैनें ऐसा कभी नहीं कहा कि शोषण और शोषण-इच्छा बने रहने तक शोषक एवं शोषित के मध्य कोई सहयोग होना चाहिए।"[2]

तब क्या किया जाए? महात्मा गाँधी सर्वप्रथम समस्या के मूल में जाते हैं। इस सम्बन्ध में वे कहते हैं कि सभी पूँजीपति अथवा जमींदार आवश्यक रूप से व स्वभाव से शोषक हैं, या पूँजीपतियों-जमीदारों व शोषकों के हितों एवं उनके व सामान्य-जन के हितों के मध्य भी, ऐसा कोई बुनियादी टकराव है, जिसके रहते उनमें सहमति नहीं हो सकती, ऐसा मानना उचित नहीं है। यदि ऐसा मानना उचित नहीं है, तो पूँजीपतियों और जमींदारों को उनका स्थाई शत्रु समझना भी उचित नहीं है। वास्तव में, महात्मा गाँधी के अनुसार, शोषक स्वयं ही अपने शत्रु हैं। शोषण शोषक के सहयोग से ही सम्भव है, भले ही उसका आधार स्वेच्छा हो अथवा बल-प्रयोग। इसलिए, यदि शोषक की आज्ञा के पालन से शोषित मना कर दे, तो कोई भी शोषण नहीं होगा। लेकिन ऐसा उनके मध्य के वर्तमान सम्बन्धों को मानवीय तथा सभ्य ढंग से रूपान्तरित करके ही होना चाहिए, न कि इस भावना से कि पूँजीपतियों व जमींदारों का सर्वनाश कर दिया जाए। यही अहिंसक गाँधीवादी मार्ग है, अथवा दूसरे शब्दों में, यही गाँधीवाद है।

केवल पूँजीपतियों-श्रमिकों या जमींदारों-किसानों से सम्बन्धित विषय में ही नहीं, अपितु समाज से जुड़े अन्य समस्त मुद्दों में भी गाँधीवादी दृष्टिकोण यही है। अर्थात् सर्वप्रथम समस्या के मूल में जाना, तदोपरान्त आत्मचिन्तन करना। जब ये दो बातें हो जाएँ, तो शोषण और अन्याय के समक्ष आत्मसमर्पण न करते हुए, शोषित को

चाहिए कि वह बिना किसी रुग्णेच्छा के मानवीय ढंग से शोषक से सहयोग करने को मना करे।

गाँधी : समाज और सामाजिक विषय

सामाजिक समस्याओं अथवा मुद्दों पर कोई विशेष ग्रन्थ या शृंखलाबद्ध लेख नहीं लिखने के बावजूद महात्मा गाँधी उनके बारे में न केवल पूर्ण जानकारी रखते थे, अपितु वे उनसे चिन्तित भी थे। यही कारण था कि उन्होंने समय-समय पर उनके सम्बन्ध में सार्वजनिक रूप से तथा स्वयं अपने साप्ताहिक पत्रों जैसे यंग इण्डिया, नवजीवन, हरिजन, हरिजन-सेवक तथा देश के अन्य दैनिक पत्रों, साप्ताहिक पत्रों व मासिक पत्रों में स्तम्भों के माध्यम से अपने विचार प्रकट किए। यही नहीं, अपने दक्षिणी अफ्रीका प्रवास के समय उन्होंने इण्डियन ओपिनियन में अपने स्तम्भों द्वारा भी अनेक सामाजिक समस्याएँ उठाईं। निस्सन्देह, उन सबके मूल में एक ओर उनका अपना अनुभव रहा था, तो दूसरी ओर उनके सम्बन्ध में देश-काल की परिस्थितियों में परिवर्तन की शर्त के साथ, उनका विचार था।[3]

महात्मा गाँधी की दृष्टि में समाज एक ऐसा ढाँचा है, जिसमें सम्बन्धों का निष्पादन परस्पर सहयोग के आधार पर होता है। दूसरे शब्दों में, परस्पर सहयोग दिन-प्रतिदिन के सामाजिक व्यवहारों का आधार है। महात्मा गाँधी के इस विचार से जो सारांश हमारे समक्ष प्रकट होता है, वह यह कि समाज में सभी समान हैं; सहमति और

सहयोग सामाजिक गतिविधियों के संचालनार्थ अपरिहार्य हैं; तथा सैद्धान्तिक रूप से, "समाज का कोई भी सदस्य (दूसरे से) न तो हीन है, न ही उच्च है; व्यक्ति की काया में भी शीर्ष इसलिए उच्च नहीं है, क्योंकि वह काया के शीर्षस्थ स्थान पर है, अथवा पैरों के तलवे इसलिए हीन हैं, क्योंकि वे पृथ्वी को छूते हैं।"[4] स्पष्टतः उन्हीं के शब्दों में:

"जैसे व्यक्ति की काया के सभी भाग समान हैं, उसी भाँति समाज के सभी सदस्य भी समान हैं।"[5]

गाँधीजी के अनुसार समाज ही 'जीवन की एकता' को साकार करने वाला क्षेत्र है। यह वही विचार है, जिसमें महात्मा गाँधी मानव-जीवन को समग्र मानते हैं; जिसे न तो सामाजिक, राजनीतिक, धार्मिक अथवा आर्थिक क्षेत्रों में विभाजित किया जा सकता है और न ही स्तरों में बाँटा जा सकता है। समाज में समस्याओं से मुक्त होकर, संघर्षों की स्थिति से निकलकर जनमानस सर्वोदय के मार्ग पर आगे बढ़ सकता है, जहाँ समानता एवं स्वतंत्रता के अतिरिक्त सुखद जीवन की समस्त सम्भावनाएँ उपस्थित होंगी, तथा जहाँ सामाजिक न्याय की, जिसकी अनुपस्थिति कई प्रकार की समस्याओं व संघर्षों का कारण है, प्रत्याभूति होगी।

गाँधी : समाज और सामाजिक न्याय

बिना किसी भेदभाव के सबको सामाजिक न्याय दिलाने की गाँधीजी की हार्दिक इच्छा थी। इस सम्बन्ध में उन्होंने जीवनभर कार्य

किया। वे प्रत्येक को सामाजिक न्याय न मिलने की स्थिति में प्रकट होने वाले परिणाम से भली-भाँति परिचित थे। यही कारण था कि उन्होंने कथित निम्नतम् के लिए भी सामाजिक न्याय की बात की; उसे आवश्यक बताया। इतना ही नहीं, सामाजिक न्याय के मार्ग में बाधक बनने वालों के साथ असहयोग का भी आमजन का उन्होंने आह्वान किया।

लेकिन, जैसा कि हम जानते हैं, सिद्धान्त के साथ ही गाँधीजी के समस्त व्यवहार, भले ही असहयोग भी, पूर्णतः अहिंसा की परिधि में थे। सामाजिक न्याय के लिए अहिंसा की परिधि से बाहर के किसी भी साधन की सफलता के प्रति वे आश्वस्त नहीं थे। उनके अनुसारः

"मेरा सदा यह मत रहा है कि निम्नतम् को भी न्यूनतम् सामाजिक न्याय शक्ति प्रयोग द्वारा प्राप्त नहीं हो सकता। मेरा यह भी विश्वास है कि (कथित) निम्नतम् अहिंसा के प्रशिक्षण द्वारा न केवल इसे प्राप्त कर सकता है, अपितु कठिनाइयों के जाल से अपने को सुरक्षित भी कर सकता हैं। यही अहिंसक असहयोग है।"[6]

न्याय और स्वतंत्रता को जीवन के लिए अति आवश्यक घोषित करते हुए, इनकी सुनिश्चितता को मानवीय कर्तव्य निर्धारित करते हुए, तथा इस प्रकार दासता से ऊपर उठने का मनुष्य का आह्वान करते हुए, गाँधीजी ने आगे कहाः

"किसी दूसरे की स्वयं स्वीकारी गई दासता में उसका सहयोग करने को कोई बाध्य नहीं है। (इसी प्रकार) दूसरों के प्रयासों द्वारा प्राप्त स्वाधीनता, वह कितनी भी सुखद (प्रतीत) हो, उस समय नहीं बनी रहती, जब (अन्य अपने) प्रयासों को वापस ले लेते हैं।"[7]

महात्मा गाँधी के समाज और सामाजिक विषयों से सम्बन्धित उक्त संक्षिप्त विश्लेषण को केन्द्र में रखकर हम यह कह सकते हैं कि वे (समाज में) विद्यमान समस्याओं से पूर्णतः परिचित थे; वे समस्याओं के समाधान हेतु सबके लिए स्वतंत्रता एवं समानता के पक्षधर थे, तथा सबके लिए स्वतंत्रता और समानता सुनिश्चित करने में सर्वाधिक महत्त्वपूर्ण भूमिका निर्वाह करने वाले सामाजिक न्याय की स्थापना हेतु कटिबद्ध थे। इसी के आधार पर व्यक्तिगत और सामाजिक सम्पन्नता का मार्ग प्रशस्त हो सकने की उन्हें आशा थी।

महात्मा गाँधी व्यक्तिगत स्वतंत्रता, समानता और सामाजिक न्याय की कीमत पर कोई समझौता करने को तैयार नहीं थे; इनके लिए अहिंसक मार्ग से असहयोग करने का जनमानस का उन्होंने आह्वान किया। अहिंसा, जैसा कि सर्वज्ञात है, उनके लिए मात्र दार्शनिक आदर्श ही नहीं थी; यह उनके जीवन की ऊर्जा थी और नियम था।[18] साथ ही, अहिंसा 'मानव-जीवन की एकता' सम्बन्धी उनके विचार को साकार करने का साधन थी।

महात्मा गाँधी और छात्र-वर्ग

युवा वर्ग (अथवा छात्र-वर्ग) की समाज एवं राष्ट्र-निर्माण में भूमिका को महत्त्वपूर्ण मानते हुए महात्मा गाँधी ने कहा थाः

"आप (युवा और छात्र) मेरी आशा हैं।"[9] औरः

"कल के पिता (के रूप में) आपको राष्ट्र का लवण होना चाहिए। यदि लवण अपना गुण खो दे, तो वह लवण ही कहाँ रहेगा?"[10]

इसीलिए, महात्मा गाँधी ने निरन्तर उन गुणों के विकास पर बल दिया, जो छात्रों-युवाओं को मानसिक, शारीरिक और नैतिक रूप में सुदृढ़ करे। साथ-ही-साथ उन्होंने प्रत्येक नौजवान छात्र का अनुशासन, ईमानदारी और सत्य-युक्त जीवन जीने का आह्वान किया, क्योंकि सत्य-युक्त शुद्ध और ईमानदारी का जीवन किसी भी अन्य प्रकार के ज्ञान या शिक्षा से महत्त्वपूर्ण है।

महात्मा गाँधी के अनुसारः

"अपना सम्पूर्ण ज्ञान, शिक्षा और विद्वत्ता तराजू के एक पलड़े पर रखें तथा सत्यता एवं शुद्धता दूसरे पर। निश्चिततः सत्यता और शुद्धता वाला पलड़ा दूसरे की अपेक्षा कहीं अधिक भारी होगा।"[11]

गत शताब्दी[12] के तीसरे दशक में महात्मा गाँधी ने स्वयं भारतीय छात्रों में नैतिक ह्रास, अनुशासनहीनता एवं असत्याचरण को देखा; इससे वे चिन्तित हुए। उन्होंने शिक्षित युवा-वर्ग में समाज व राष्ट्र के

प्रति कर्तव्य-विमुखता और निजी स्वार्थता को भी जाना। उनके लिए यह सब आने वाले संकट का स्पष्ट संकेत था। इसलिए उन्होंने सभी सम्बन्धित पक्षों, विशेषकर अध्यापक-वर्ग का उत्तरदायित्व निर्धारित करते हुए ऐसी शिक्षा प्रदान करने की बात की, जो शिक्षार्थियों को आत्मनिर्भर बनाने के साथ ही उनके चहुँमुखी विकास के लिए भूमिका तैयार कर सके।

महात्मा गाँधी का दृढ़ का विचार था कि यदि किसी राष्ट्र को वास्तव में विकास के मार्ग पर बढ़ना है, तो उसे अपने समस्त नागरिकों को समान रूप से स्वतंत्रता और उन्नति के अवसर देने होंगे। विशेषकर, यदि प्रजातांत्रिक पद्धति वाले किसी देश को यह सुनिश्चित करना हो कि उसके निर्माण में उसका प्रत्येक नागरिक भागीदारी करे, तो बिना किसी भेदभाव के उसे सभी को सही दिशा वाली शिक्षा प्रदान करनी होगी। चूँकि सही दिशा वाली शिक्षा ही व्यक्ति को अनुशासित, आत्मनिर्भर, उत्तरदायी और मूल्यों का आदर करने वाला बना सकती है; वही उसे समस्याओं से मुक्ति दिलाकर उन्नति के मार्ग पर आगे बढ़ा सकती है, इसलिए उसका विशेष महत्त्व है।

सही दिशा वाली शिक्षा

सही दिशा वाली शिक्षा, निस्सन्देह जो महात्मा गाँधी की कल्पना को भी साकार कर सकती है, जिसके सम्बन्ध में मैं स्वयं समय-समय

पर भारत व अन्य देशों में अपने व्याख्यानों के माध्यम से चर्चा कर चुका हूँ, चहुँमुखी अध्ययन की प्रक्रिया है। दूसरे शब्दों में, यह चार प्रकार का ज्ञान है। इसे ही सम्पूर्ण शिक्षा का नाम दिया जा सकता है, और इसके माध्यम से, जैसा कि मेरा विश्वास है, शिक्षा के ध्येय की वास्तव में प्राप्ति हो सकती है। इसके अन्तर्गत, विभिन्न स्तरों पर निर्धारित पाठ्यक्रमानुसार प्रदान की जाने वाली सामान्य शिक्षा के अतिरिक्त, शारीरिक, नैतिक और तकनीकी ज्ञान सम्मिलित है।

अधिकतर पाठशालाएँ और विद्यालय निर्धारित पाठ्यक्रमानुसार सामान्य और शारीरिक, दो प्रकार, की शिक्षा प्रदान करते हैं। सामान्य शिक्षा, जैसा कि हम जानते हैं एक उपाधि-अर्जन के साथ समाप्त होती है; जबकि शारीरिक शिक्षा, जिसमें खेल-कूद और विभिन्न प्रकार के कायिक व्यायाम सम्मिलित हैं, शरीर व मस्तिष्क की स्वस्थता के उद्देश्य से प्रदान की जाती है।

इस प्रक्रिया में तीसरा स्थान नैतिक शिक्षा का है। निस्सन्देह यह शिक्षा छात्र को पूर्णतः उत्तरदायी और कर्तव्यनिष्ठ नागरिक बनने में सहायता करती है। यदि इस शिक्षा से छात्र वंचित रह जाए, तो आप जानते कि परिणाम क्या होगा? सामान्य शिक्षा के बल पर वह उपाधि अर्जित कर लेगा; शारीरिक शिक्षा के माध्यम से वह सुदृढ़ हो जाएगा और साथ ही मानसिक रूप से स्वस्थ भी बन जाएगा, लेकिन अपने भीतर उपस्थित कुछ असाधारण गुणों के बाद भी वह श्रेष्ठ

मानव नहीं बन सकेगा। समुचित नैतिक शिक्षा के अभाव में वह उन कुछेक विशिष्टताओं से भी वंचित रहेगा, जिनकी एक साधारण मनुष्य से आशा की जाती है। यदि इनमें से भी प्रमुख विशिष्टताओं की बात करनी हो, तो हम सहनशीलता, व्यवहारों की भाषा, सहयोग-प्रवृत्ति, न्यायप्रियता और आज्ञाकारिता जैसी सामान्य विशेषताओं का उल्लेख कर सकते हैं।

अनेक उदाहरण हैं, जिनमें शारीरिक रूप से सुदृढ़ और मानसिक रूप से विकसित, सुन्दर व आकर्षित ऐसे व्यक्ति हमारे समक्ष आते हैं, जिन्होंने अपने-अपने देशों में उच्चतम् राजनीतिक पद प्राप्त किए। लेकिन नैतिक शिक्षा के अभाव में वे उच्च पदस्थजन सामान्य सदाचार को भी भूल गए; उन्होंने सम्पूर्ण धरा को विनाश के द्वार तक ले जाने का कार्य किया। मैं उनमें से किसी व्यक्ति विशेष के नाम का उल्लेख नहीं करूँगा; हम सभी को उनके सम्बन्ध में ज्ञात होना चाहिए। बीसवीं शताब्दी में हुए दोनों विश्व-युद्धों, विशेषकर द्वितीय विश्वयुद्ध का घटनाक्रम हमारे समक्ष है, जिसमें हम स्पष्टतः देखते हैं कि नैतिक शिक्षा के अभाव वाले लोग ही जन-धन की अपार क्षति हेतु उत्तरदायी थे। आज भी नैतिक शिक्षा के अभाव में ऐसे विनाश की सम्भावना से इन्कार नहीं किया जा सकता।

दूसरी ओर, ऐसे भी अनेक उदाहरण हमारे समक्ष प्रकट होते हैं, जिनमें समय-समय पर नैतिकता से भरपूर व्यक्ति संसार को प्रगति

और शान्ति के मार्ग पर ले गए। उनमें से कई शारीरिक रूप से बलवान नहीं थे; कुछ सुन्दर त्वचा वाले भी नहीं थे, लेकिन उन्होंने मानवता को सुरक्षा-कवच दिया। इसीलिए, नैतिक ज्ञान अथवा शिक्षा की महत्ता और प्रासंगिकता को कम नहीं किया जा सकता। विश्वभर में जितनों का भी शिक्षा-व्यवस्था या प्रक्रिया से सरोकार है, उन्हें यह समझ लेना चाहिए कि यदि वे बालक के प्रारम्भिक अध्ययन के समय से ही उसे नैतिक ज्ञान देने को आगे नहीं आएँगे, तो वे उसके जीवन के उस पहलू को दुर्बल करने का कार्य करेंगे, जिसके आधार पर वह सच्चा नागरिक बनेगा।

इस प्रक्रिया में चौथा स्थान तकनीकी शिक्षा का है। यह गाँधीवादी शब्द 'बुनियादी'[13] के समीप का है। यद्यपि ऐसा नहीं है कि जो छात्र इस विशेष ज्ञान की परिधि में नहीं आएगा, वह सामाजिक मर्यादाओं व व्यवहारों से वंचित रहेगा, लेकिन यह ज्ञान आत्मनिर्भरता के लिए महत्त्वपूर्ण है; महात्मा गाँधी शिक्षा के ध्येय की प्राप्ति हेतु इसे आवश्यक मानते हैं।

तकनीकी शिक्षा के सम्बन्ध में मैं साधारण रूप में अपना पक्ष स्पष्ट करना चाहूँगा। हम सभी जानते है कि विश्व के समस्त देशों में, वे विकसित हों या विकासोन्मुख अथवा अविकसित, न्यूनाधिक, बेरोजगारी की समस्या है। बड़ी संख्या में सुन्दर, स्वस्थ और शिक्षित नवयुवक/युवतियाँ बेरोजगार हैं। उनके पास करने को कुछ नहीं हैं;

तथा उन्होंने जो शिक्षा प्राप्त की है, वह उनके किसी काम की नहीं है। इसीलिए, पाठशालाओं व विद्यालयों से यह आशा की जाती है कि वे शिक्षार्थियों को प्रारम्भिक अध्ययनकाल से ही तकनीकी शिक्षा प्रदान करने का कार्य करें। इससे बेरोजगारी की समस्या समाप्त होगी, शिक्षा सार्थक बनेगी और व्यक्तित्व का चहुँमुखी विकास हो सकेगा।

लेकिन इस प्रकार की शिक्षा प्रारम्भ करते समय अच्छी तैयारी की आवश्यकता है। अनावश्यक शीघ्रता को इस प्रक्रिया में कोई स्थान नहीं है। यह सरल मार्ग भी नहीं है। इसके अन्तर्गत अध्ययनरत बालक में मौजूद ईश्वर प्रदत्त, प्राकृतिक अथवा पैतृक गुणों में जो प्रमुख गुण हो, सर्वप्रथम उसकी पहचान करने की आवश्यकता होगी; तदोपरान्त उसी गुण के आधार पर, तकनीकी ज्ञान के साथ ही, बालक को सामान्य, शारीरिक और नैतिक-तीनों प्रकार की शिक्षा या ज्ञान प्रदान किया जाए। ऐसा करने से वह विशेष तकनीकी ज्ञान का स्वामी हो सकेगा; उसके बल पर वह रोजगार पा सकेगा।

यह ज्ञान अपना भविष्य या ध्येय निर्धारित करने में छात्र का माध्यमिक या उच्च माध्यमिक शिक्षाकाल के दौरान ही सहयोग कर सकेगा। इस प्रकार, जब युवा छात्र किसी उपाधि या समकक्ष योग्यता के साथ महाविद्यालय अथवा विश्वविद्यालय से बाहर आएगा, तो उसके समक्ष उस अर्जित तकनीकी ज्ञान के कारण, आत्मनिर्भर होने की समस्या नहीं रहेगी। वह अर्जित तकनीकी ज्ञान के बल पर कोई

सरकारी-गैरसरकारी नौकरी न मिलने की स्थिति में भी स्वयं स्वतंत्र रूप से अपना कार्य प्रारम्भ करने में सक्षम होगा। इस शिक्षा या ज्ञान को, जो छात्र-वर्ग को आत्मनिर्भर बनने में सहायता करती है, व्यावहारिक प्रशिक्षण भी कह सकते हैं।

आज पाठशालाओं और विद्यालयों का यह उत्तरदायित्व है कि जहाँ एक ओर वे छात्रों के शारीरिक-मानसिक विकास के साथ उन्हें उपाधियाँ प्राप्ति के योग्य बनाएँ, वे नैतिक शिक्षा द्वारा उन्हें श्रेष्ठ मानव बनाएँ, वहीं उनमें मौजूद गुणों में से प्रधान गुण की पहचान करके तथा उसे केन्द्र में रखकर, उन्हें तकनीकी ज्ञान भी दें।

महात्मा गाँधी व्यावहारिक व्यक्ति थे। वे समस्याओं के मूल में जाते थे। अपने जीवन-अनुभव के आधार पर वे समस्याओं के समाधान सुझाते थे। समाज तथा छात्र-वर्ग के सम्बन्ध में उनके विचार असाधारण थे। वे छात्रों के चहुँमुखी विकास के पक्षधर थे; वे उन्हें आत्मनिर्भर देखना चाहते थे। इस वास्तविकता से कोई मना नहीं कर सकता कि आत्मनिर्भर और प्रतिभा सम्पन्न छात्र-वर्ग समाज तथा राष्ट्र को सही दिशा की ओर ले जा सकता है। इसलिए, यही समय है महात्मा गाँधी के विचारों को गम्भीरतापूर्वक जानने व समझने का, तथा देश-काल की परिस्थितियों की माँग के अनुसार उनमें आवश्यक सुधार करके उन्हें अपनाने का।

सन्दर्भ

1. अमृत बाजार पत्रिका, 2 अगस्त, 1934
2. वही उपरोक्त।
3. इस सम्बन्ध में 4 अप्रैल, 1933 को महात्मा गाँधी ने हरिजन में लिखा, "मैं अपने सावधान पाठकों से और उन अन्यों से, जो मेरे लेखों-विचारों में रुचि रखते हैं, यह कहना चाहूँगा कि मैं उनमें प्रतीत होती असामन्जस्यपूर्ण स्थिति से कतई चिन्तित नहीं हूँ। सत्य की अपनी खोज के दौरान मुझे अनेक पुराने विचारों को छोड़ना पड़ा है; कई नई बातें मैंने सीखीं हैं। आयु में बूढ़ा होने के बावजूद मेरा ऐसा मत नहीं है कि मेरा आन्तरिक विकास रुक गया है; अथवा मृत्यु तक मेरा विकास रुकेगा। मेरी चिन्ता यह है कि सत्य की पुकार, अथवा ईश्वर की आज्ञा के अनुपालन में, मेरे समय-समय पर प्रकट होने वाले मेरे दो लेखों में यदि किसी पाठक को विरोधाभास प्रतीत होता है, और यदि वह पाठक मेरी समझ में विश्वास रखता है, तो एक ही विषय पर प्रकट दो लेखों में से बाद वाले का चयन कर वह मुझे कृतार्थ करेगा।"
4. 13 जुलाई, 1947 को हरिजन के लिए 'हू इज ए सोशलिस्ट' शीर्षक से लिखे लेख के माध्यम से महात्मा गाँधी ने ये विचार प्रकट किए। इस सन्दर्भ में आगे उन्होंने कहा, "इसके अन्तर्गत राजपुत्र और किसान, धनी और निर्धन, नियोक्ता और कर्मचारी, सभी का स्तर समान है।"
5. हरिजन, 13 जुलाई, 1947
6. वही उपरोक्त, 20 अप्रैल, 1940
7. उपरोक्त।
8. गाँधी फिलोसफी ऑफ नान वायलैंस एण्ड सत्याग्रह (वी०डी० केसलोव के बीसवीं शताब्दी के अन्त पर महात्मा गाँधी' में प्रकाशित लेख से उद्धृत।)
9. यंग इण्डिया, 9 जुलाई, 1925
10. वही उपरोक्त, 22 दिसम्बर, 1927
11. वही, 21 फरवरी, 1929
12. बीसवीं शताब्दी के।
13. मूल।

प्रयुक्त पुस्तक सूची

– एम० के० गाँधी, आत्मकथा अथवा सत्य के प्रयोग, नवजीवन प्रकाशन मन्दिर, अहमदाबाद (भारत), 1927

– एम० के० गाँधी, मेरे सपनों का भारत, नवजीवन प्रकाशन मन्दिर, अहमदाबाद, गुजरात (भारत), 1957 तथा पुनरमुद्रण 1999

– एम० के० गाँधी, यंग इण्डिया साप्ताहिक, (1919-1931), नवजीवन, अहमदाबाद (भारत) द्वारा 13 खण्डों में पुनरमुद्रण, 1984

– एम०के० गाँधी, हरिजन साप्ताहिक, हरिजन सेवक-संघ के तत्वावधान में (1931-1941) तथा नवजीवन ट्रस्ट, अहमदाबाद (भारत) द्वारा प्रकाशित 1942-48

– रवीन्द्र कुमार, ऐसेज ऑन गॉधीस्म एण्ड पीस, कृष्णा पब्लिकेशंस, मेरठ, उत्तरप्रदेश (भारत), 1999

– रवीन्द्र कुमार, गाँधी एण्ड गाँधीस्म, भाग-प्रथम, विश्व-शान्ति आन्दोलन ट्रस्ट, मेरठ, उत्तर प्रदेश (भारत), 2001

– रवीन्द्र कुमार, बीसवीं शताब्दी के अन्त पर महात्मा गाँधी, अनमोल पब्लिशिंग हाउस, नई दिल्ली (भारत), 2004

– रवीन्द्र कुमार, शिक्षा, संस्कृति और सभ्यता, कृष्णा पब्लिकेशंस, मेरठ, उत्तर प्रदेश (भारत), 1999

– लुइस फिशर, गाँधीः हिज लाइफ एण्ड मैसिज फॉर द वर्ल्ड, न्यू अमरीकन लाइब्रेरी, न्यूयार्क (संयुक्त राज्य अमरीका), 1954

●●●●

6

वर्तमान में गाँधी एवं गाँधीवाद की प्रासंगिकता

"वास्तविक प्रेम महासागर की भाँति सीमा-मुक्त होता है; सीमाओं और बन्धनों को पार करते हुए प्रेम बढ़ता और फैलता है, तथा सारे संसार में व्याप्त हो जाता है।"

—महात्मा गाँधी

परिचय

किसी महान व्यक्ति के कार्यों एवं विचारों की सार्थकता सिद्ध करने के लिए देश-काल की परिस्थितियों में उनका लागू हो पाना आवश्यक है; यही उनकी कसौटी हो सकती है। सौभाग्य से महात्मा गाँधी सम्पूर्ण मानव-इतिहास में उन गिने-चुने महान व्यक्तियों में से एक हैं, जिनका व्यक्तिगत जीवन, साथ ही उनके कार्य और विचार, जिन्हें गाँधीवाद भी कहा जाता है, न केवल स्वयं उन्हीं के जीवनकाल में महान तथा अनुकरणीय सिद्ध हुए, अपितु उनकी मृत्यु के उपरान्त भी उनकी प्रासंगिकता व सार्थकता बनी रही।

अपने जीवन, कार्यों और विचारों के बल पर महात्मा गाँधी विश्व के हजारों सामान्यजन के आदर्श नायक बने; वे विशेष रूप से दक्षिणी अफ्रीका के अश्वेत नेता नेल्सन मंडेला, फिलीपीन्स के निनॉय एक्विनो और अफ्रीकी-अमरीकी नेतृत्वकारी मार्टिन लूथर किंग जूनियर की प्रेरणा के स्रोत रहे। साथ ही, गाँधीजी के विचार और कार्य अभी भी विचारणीय हैं; वे सार्थक हैं, यदि समय की माँग और विद्यमान परिस्थितियों के अनुरूप उन्हें अपनाया जाए। चूँकि उनका आधार शाश्वत मूल्य अहिंसा है, इसलिए, मेरी दृष्टि में, वे आशा से परे के श्रेष्ठ परिणाम लाने में भी सक्षम हैं।

ऐसा कैसे सम्भव हो सकता है? इस सत्यता से परिचित होने के लिए उन साधारण और मानवीय मूल्यों को, जो गाँधीजी के व्यक्तिगत जीवन तथा चम्पारण से भारत छोड़ो आन्दोलन (1917-42)

तक की उनकी सार्वजनिक कार्यवाहियों का आधार थे, जानना उचित होगा।

जीवनकाल में सफलता का आधार

महात्मा गाँधी के अनुसार, अहिंसा यद्यपि धीमी गति से विकसित होने वाला पौधा है,[1] लेकिन वह अपने आप में एक धर्म है; और अहिंसा अपनी गतिविधियों के साथ दिन-प्रतिदिन की मानवीय गतिविधियों में लागू होकर लक्ष्य-प्राप्ति का साधन बनती है। सत्याग्रह, जो कि सत्य की खोज है और अहिंसा का आत्मसातकर्ता है, राजनीतिक क्षेत्र में न्याय व स्वतंत्रता प्राप्त करने का शुद्ध अस्त्र है। जैसा कि हम जानते हैं, महात्मा गाँधी अहिंसा और सत्याग्रह-संचालन में अधिकतर अवसरों पर सफल रहे, क्योंकि वे वीर थे; वे विनम्र थे तथा घृणा से वे पूर्णतः पृथक थे। ये तीनों-वीरता, विनम्रता एवं घृणा-विरति, अहिंसा की परिधि में हैं; दूसरे शब्दों में, ये स्वयं पृथक-पृथक रूप से और सयुंक्त रूप में भी अहिंसा का श्रेष्ठतम् परिचय हैं। महात्मा गाँधी ने इनका श्रेष्ठ सम्भव ढंग से अपने व्यक्तिगत एवं सार्वजनिक जीवन में पालन किया।

इतना ही नही, बिना भेदभाव के महात्मा गाँधी सबको प्यार करते थे। प्रेम अहिंसा की एक सशक्त पूरक मान्यता है। प्रेम वीर का आभूषण है। यदि यह क्षणिकता से पृथक हो, तो इसमें सब कुछ अच्छा है, सकारात्मक है, और लाभकारी है। महात्मा गाँधी को अन्तिम सत्यता प्रेम में दृष्टिगोचर हुई, तथा उन्होंने कहाः

"सत्य की सार्वभौमिक और सर्वत्र अनुभूति करने वाले को मेरी ही भाँति क्षुद्रतम प्राणी से भी प्रेम करने में सक्षम होना चाहिए।"[2]

इसीलिए, महात्मा गाँधी की अहिंसा वीर की अहिंसा है; इसका मूल कायरता नहीं है।

अपने विशुद्ध प्रेम के बल पर महात्मा गाँधी सर्पदंश की स्थिति में जनरल माइकल डायर की काया से विष चूसने को भी तत्पर हो सकते थे। उन्होंने कहा थाः

"वास्तविक प्रेम महासागर की भाँति सीमा-मुक्त होता है; सीमाओं और बन्धनों को पार करते हुए प्रेम बढ़ता और फैलता है, तथा सारे संसार में व्याप्त हो जाता है।"[3]

इसीलिए, महात्मा गाँधी ने किसी भी अंग्रेज से घृणा नहीं की। उन्होंने अंग्रेजों के शोषणयुक्त शासन का विरोध किया।

वे भयमुक्त थे। उनकी निर्भीकता असाधारण थी; वह उच्च श्रेणी की थी। 1917-18 के चम्पारन सत्याग्रह की अवधि की एक घटना है, जब गाँधी ने सुना कि नील की खेती कराने वाला एक अंग्रेज उन्हें अकेले मिल जाने की स्थिति में मार देना चाहता है। फिर क्या था? एक दिन बहुत सवेरे वे उस अंग्रेज के निवासस्थान पर पहुँचे और उससे अपने को मार देने को कहने लगे। लेकिन उस महान आत्मा और वीर पुरुष को मारने का उस अंग्रेज में साहस कहाँ था?

इसी प्रकार 1930 में जब महात्मा गाँधी अपने चुने हुए 79 साथियों के साथ नमक-कानून को भंगकर सविनय अवज्ञा आन्दोलन

प्रारम्भ करने के उद्देश्य से अपने अहमदाबाद स्थित साबरमती आश्रम[4] से डाण्डी की ओर बढ़ रहे थे, तो भरूच के निकट के एक स्थान से एक व्यक्ति ने, जो गाँधीवादी अहिंसा का आलोचक था, उन्हें एकान्त में मिलने पर मार डालने की धमकी दी। समाचार गाँधी के पास पहुँचा। वे, जैसाकि हम जानते ही हैं, अहिंसा के पुजारी थे; इसीलिए वे भयमुक्त थे। वे वीर थे। वे जानते थे कि कोई बुरी इच्छा पालने वाला अहिंसा की शक्ति के समक्ष ठहर नहीं पाएगा।

दो-तीन दिन व्यतीत हुए। इस अवधि में गाँधी ने उस बुरी इच्छा पालने वाले व्यक्ति का नाम-पता ज्ञात करा लिया। तदोपरान्त एक दिन सवेरे-सवेरे वे उसके घर पहुँच गए तथा उससे कहने लगेः

"भाई! मैं ही गाँधी हूँ। आप मेरा जीवन लेना चाहते हैं! शीघ्रता से ऐसा कीजिए। किसी को पता नहीं चलेगा।"[5]

लेकिन वह बुरी इच्छा-पालक अहिंसा के उस पुजारी की आँखों से अपनी आँखें ही नहीं मिला सका; वह स्वयं गाँधीजी का अनुयाई बन गया। यही उस निर्भीकता और विशुद्ध प्रेम की वास्तविकता है, जिनका आधार अहिंसा है।

वर्तमान परिप्रेक्ष्य में सत्याग्रह का मार्ग

गाँधीवादी मार्ग में वीरता है; यह मार्ग रुग्णेच्छा मुक्त है। सत्याग्रह प्रारम्भ करने से पूर्व, और सत्याग्रह के दौरान भी, महात्मा गाँधी सदैव वार्ताक्रम और विचारों के, बिना किसी पूर्वाग्रह के, आदान-प्रदान हेतु तैयार रहते थे। गत शताब्दी[6] के द्वितीय दशक के

उत्तरार्ध में उन्होंने अहमदाबाद की कपड़ा-मिलों के स्वामियों द्वारा श्रमिकों के शोषण का विरोध किया, लेकिन श्रमिकों की समस्याओं के समाधानार्थ वे कभी भी हड़ताल या तालाबन्दी के पक्ष में नहीं रहे। अहमदाबाद के श्रमिक-मिल-मालिक विवाद अथवा इसी प्रकार के अन्य विवादों में, वे छोटे हों या बड़े, वे स्थानीय स्तर के हों अथवा राष्ट्रीय, उन्होंने वार्ताक्रम, बैठकों, पंच-निर्णयों और अन्ततः न्यायालय के निर्णयों को स्वीकारने का आह्वान किया। यही मार्ग भारत की स्वाधीनता के लिए समय-समय पर प्रारम्भ की गई जनकार्यवाहियों के दौरान उन्होंने अपनाया। उन्होंने अपने वचनों के प्रति विश्वास उत्पन्न किया; आमजन को उनके प्रति विश्वास रखने को प्रेरित किया। वे सदैव ही भरोसे-योग्य बने रहे। आज भी, परिवर्तित परिस्थितियों में यह आवश्यक है कि जब हम अहिंसा और सत्याग्रह की बात करें, तो उक्त पृष्ठभूमि हमारे मस्तिष्क में रहनी चाहिए।

आज संसार के अधिकांश, या दूसरे स्पष्ट शब्दों में सभी देश, अनेक प्रकार की आन्तरिक व बाह्य कठिनाइयों एवं समस्याओं से जूझ रहे हैं। सामाजिक, सांस्कृतिक, राजनीतिक और आर्थिक क्षेत्रों में अभूतपूर्व परिवर्तनों के कारण जन-जागृति का स्तर बहुत ऊँचा हुआ है। इसीलिए, कई बार कोई एक विशेष जन-वर्ग या कई वर्ग मिलकर ऐसी समस्या भरी चुनौती प्रस्तुत कर देते हैं, जिसके समक्ष शासन-सत्ता भी विवश प्रतीत होने लगती है। इसी प्रकार की परिस्थितियाँ गत शताब्दी के अन्तिम दशकों में भारत के पंजाब, असम व कुछ अन्यों प्रान्तों में उत्पन्न हुई थीं।

प्रश्न यह है कि यदि इस प्रकार की स्थिति उत्पन्न हो, तो क्या गाँधी का मार्ग उसे सँभालने में सक्षम सिद्ध हो सकता है? क्या उनकी अहिंसा तथा सत्याग्रह चुनौतीभरी समस्या से निपटने के लिए व्यावहारिक हो सकते हैं? हाँ, ऐसा सम्भव है। लेकिन, अहिंसा और सत्याग्रह का मार्ग अपनाने से पूर्व, प्रथम शर्त के रूप में, परिवर्तित परिस्थितियों में इनके व्यवहार के ढंग से परिचित होना आवश्यक होगा। दोनों-अहिंसा तथा सत्याग्रह-परिवर्तन के नियम की परिधि से बाहर नहीं हैं; वे इस नियम की परिधि में ही हैं।

इसलिए, जो सत्ता में हैं तथा संसार के किसी भी भाग में गम्भीर मुद्दों को सुलझाने में व्यस्त हैं, उन्हें विनम्रतापूर्वक प्रतिपक्षी दृष्टिकोण को ध्यान में रखना होगा; प्रतिपक्षियों को सुनना ही होगा। सत्ता-पक्ष को न्याय और अधिकारों के लिए विलापकर्ताओं के प्रति, पृथकतावाद का नारा लगाने के बावजूद, प्रेम प्रदर्शित करते हुए उनके दृष्टिकोण पर ध्यान देना होगा। इस प्रकार के किसी भी विषय में वार्तालाप और समझौते के लिए स्थान रहेगा। अहिंसा और सत्याग्रह के मार्ग पर प्रस्थान करते हुए पूर्व शर्त के रूप में विनम्रता रखना आवश्यक है; प्रतिपक्षी के अति अप्रसन्नतामय दृष्टिकोण को जानने एवं समझने की तैयारी रखना आवश्यक है; पुनः दोहराना चाहूँगा, ऐसा करना सत्ता पक्ष के लिए नितान्त आवश्यक है, यदि उसकी इच्छा समस्या को अहिंसक मार्ग से सुलझाने की है।

जो न्याय और स्वतंत्रता के लिए विलापकर्ता है, जाने-अनजाने में, इन दो-न्याय व स्वतंत्रता-की आड़ में कई देशों में पृथकता के मार्ग पर बढ़ने की जो बात करते हैं, उनके लिए अहिंसा और सत्याग्रह का अर्थ बिना किसी रुग्णेच्छा के असहयोग हेतु दृढ़ रहना है; अपने अधिकारों के लिए धैर्य के साथ कष्ट सहना है, और यदि उनकी माँग एक बड़ी सीमा तक पूर्ण हो जाती है, तो पृथकता का मार्ग त्यागकर उन्हें समझौते के लिए तैयार रहना चाहिए। उन्हें ध्यान रखना चाहिए कि विश्व में कहीं भी पृथकता का मार्ग समस्या के समाधान हेतु सक्षम नहीं हो सकता; विपरीत इसके, यह कई अन्य समस्याओं को जन्म देता है।

यह सही है कि अहिंसा और सत्याग्रह परिणाम तक पहुँचने में अधिक समय लेते हैं, लेकिन, निश्चिततः अहिंसा एवं सत्याग्रह का मार्ग घृणा व रुग्णेच्छा-मुक्त है; इसमें जन-धन की हानि की या तो बहुत ही कम सम्भावना होती है अथवा बिल्कुल भी नहीं होती है। अन्ततः सत्याग्रह अहिंसा के साथ जुड़ा है; सत्याग्रह सत्य की खोज है और सत्य की सदा ही विजय होती है।

सन्दर्भ

1. महात्मा, खण्ड-8, पृष्ठ 170 (महात्मा गाँधी का विश्वास था, 'अहिंसा धीमी गति से विकसित होने वाला पौधा हे। यह निश्चिततः विकसित होता है, भले ही हमें दिखाई दे, या नहीं। और, गलत समझे जाने का जोखिम उठाते हुए भी, मुझे 'अभी छोटे से स्वर' की आज्ञा के अनुपालन में ही कार्य करना चाहिए।'')

2. आत्मकथा अथवा सत्य के प्रयोग, पृष्ठ 383 (इस सन्दर्भ में उन्होंने यहाँ तक भी कहा, ''और जो व्यक्ति उसे प्राप्त करने की इच्छा रखता है, वह जीवन के किसी

भी क्षेत्र में उससे बाहर रहना सहन नहीं कर सकता। इसीलिए, सत्य के प्रति मेरी भक्ति ही मुझे राजनीतिक क्षेत्र में भी खींच लाई है; और मैं बिना किसी झिझक के, परन्तु पूर्णतः विनम्रतापूर्वक, कह सकता हूँ कि जो यह कहते हैं कि धर्म का राजनीति से कोई सम्बन्ध नहीं है, वे जानते ही नहीं कि धर्म का अर्थ क्या है?")

3. मेरे सपनों का भारत, पृष्ठ 63–4

4. अहमदाबाद के।

5. शान्ति की ओर, पृष्ठ 138

6. बीसवीं शताब्दी के, जब अहमदाबाद के वस्त्र-उद्योगों के स्वामियों तथा श्रमिकों के मध्य विवाद उत्पन्न हुआ और महात्मा गाँधी से हस्तक्षेप करने तथा पंच बनने का अनुरोध किया गया; उन्होंने अनुरोध स्वीकार किया तथा दोनों के मध्य समझौता करा दिया, जिसने भविष्य में उद्योगपतियों-श्रमिकों के बीच उत्पन्न होने वाले विवादों के अहिंसक समाधान का मार्ग स्पष्ट किया।

प्रयुक्त पुस्तक सूची

– एम० के० गाँधी, आत्मकथा अथवा सत्य के प्रयोग, नवजीवन प्रकाशन मन्दिर, अहमदाबाद (भारत), 1927

– डी० जी० तेन्दुलकर, महात्माः लाइफ ऑफ मोहनदास करमचन्द गाँधी, खण्ड–5, वी० के० झवेरी एण्ड डी० जी० तेन्दुलकर, बम्बई (भारत), 1952

– रवीन्द्र कुमार, अहिंसा और इसका दर्शन, डायनामिक पब्लिकेशंस, मेरठ, उत्तर प्रदेश (भारत), 2003

– रवीन्द्र कुमार, टुवर्ड्स पीस, ज्ञान पब्लिशिंग हाउस, नई दिल्ली (भारत), 2007

– लियो टालस्टाय, द लॉ ऑफ वायलैंस एण्ड द लॉ ऑफ लव, द यूनिकार्न प्रेस, लन्दन (यू० के०), 1959

7

संघर्षों के समाधान में गाँधीवाद

"(सर्वधर्म समभाव का सन्देश) विभिन्न धर्म-सम्प्रदायों, एवं विश्वासों को एकताबद्ध करने के लिए आवश्यक है।"

—महात्मा गाँधी

हिंसा के प्रयोग के बिना संघर्ष-रूपान्तरण; पूर्वकालिक उदाहरण; वर्तमान परिप्रेक्ष्य में गाँधीवाद के प्रति जनता का विचार; राष्ट्रीय और स्थानीय स्तर, विशेषकर जैक्सनविल जैसे नए स्थान पर गाँधीवाद का प्रयोग

गाँधीवाद और अहिंसा

'संघर्ष-समाधान और गाँधीवाद' के सम्बन्ध में कोई चर्चा प्रारम्भ करने से पूर्व यह अति आवश्यक है कि गाँधीवाद के अहिंसा के चहुँओर घूमने की वास्तविकता को हम अपने मस्तिष्क में रखें; हम निश्चित रूप से यह मानकर चलें कि गाँधीवाद अहिंसा की परिधि से तनिक भी इधर-उधर नहीं हो सकता। दूसरे शब्दों में, गाँधीवाद का अस्तित्व अहिंसा के सहारे ही है।

अहिंसाः स्वाभाविक एवं सक्रिय मूल्य

अहिंसा स्वाभाविक एवं सक्रिय मूल्य है; यह जीवन का नियम है। यद्यपि यह मनुष्य के साथ उसके पृथ्वी पर उदित होने के दिन से ही है; यह ब्रह्माण्ड के किसी उस अन्य ग्रह पर भी, जहाँ जीवन हो, मनुष्यों के साथ है, लेकिन उसकी अनुभूति मनुष्यों को उस समय हुई, जब उनके मस्तिष्क में अपने अस्तित्व की सोच उभरी? वे मनुष्य, महात्मा गाँधी के अनुसार ऋषि थे,[1] और वे महान वैज्ञानिक भी थे, क्योंकि उन्होंने "हिंसा के मध्य से अहिंसा के कानून की खोज की"[2] और इसी महान खोज के कारण वे न्यूटन से अधिक प्रतिभावान थे। वे विलिंग्टन से बड़े शूरवीर थे। अस्त्रों-शस्त्रों के ज्ञान के बावजूद

उन्होंने इनकी निरर्थकता अनुभव की, और (इस अनुभूति के बाद) उन्होंने उकताए संसार को बताया कि उसकी मुक्ति हिंसा द्वारा नहीं, अपितु अहिंसा-मार्ग द्वारा ही हो सकती है।"[3]

अहिंसा सक्रिय शक्ति है; यह वीर का अस्त्र है। इसका कायरता से कोई सम्बन्ध नहीं है। बुरा करने वाले की इच्छा के समक्ष दबकर आत्मसमर्पण करना इसकी भावना के विरुद्ध है। महात्मा गाँधी के शब्दों में, "आतताई की इच्छा के विरुद्ध अपनी सम्पूर्ण आत्मिक शक्ति लगा देना ही अहिंसा-भावना है।"[4]

जीवन के नियम, सक्रिय बल और वीर के अस्त्र के रूप में अहिंसा प्रत्येक समस्या, छोटी या बड़ी, के लिए समाधान प्रदान करती है; यह प्रत्येक स्तर पर और जीवन के हर क्षेत्र में संघर्ष-रूपान्तरण हेतु सक्षम है। वर्तमान व भविष्य में, विशेषकर हिंसा-उत्पन्न संघर्ष को अहिंसा-उत्पन्न सहयोग में परिवर्तित करते हुए, अहिंसा सम्बद्ध पक्षों को जय-जय की स्थिति में ले आती है। इसके माध्यम से प्रकट होने वाले सुखद एवं कल्याणकारी समाधान में एक पक्ष विजयी तथा दूसरा पराजित होने का दावा नहीं कर सकता; इसमें दोनों ही पक्ष विजयी अनुभव करते हैं।

मतभेदों और संघर्षों की अपरिहार्यता

अब, गाँधीवाद की वास्तविकता और अहिंसा से इसकी सम्बद्धता को जानने के उपरान्त, हमें निश्चिततः यह भी मानकर चलना चाहिए

कि मतभेद, झगड़े या संघर्ष मानव-समाज में अपरिहार्य हैं; यद्यपि ये सभी अस्थाई प्रकृति के होते हैं, लेकिन ये सदियों से होते ही आए हैं।

उत्तरी भारत के मुजफ्फरनगर जनपद में ककरौली मेरा पैतृक ग्राम है, जिसमें विभिन्न जातियों, उप-जातियों, प्रजातियों और धर्म-सम्प्रदायों के लोगों का वास है। ककरौली एक प्राचीन ग्राम है, तथा किसी सीमा तक मैं इसकी तुलना जैक्सनविल से कर सकता हूँ, जो स्वयं अमरीका के दक्षिणी भाग का एक प्राचीन व ऐतिहासिक नगर है; जैक्सनविल अमरीका के एक अन्य प्राचीनतम नगर सेंट अगस्टीन का पड़ोसी भी है, तथा यहाँ समय-समय पर विभिन्न प्रजातियों के मध्य जटिल सम्बन्धों की बात प्रकट होती है। जैसा कि मेरे संज्ञान में है, लगभग दस लाख की जनसंख्या वाले जैक्सनविल में ईसाई, यहूदी, मुस्लिम, हिन्दू और बौद्ध मतावलम्बी रहते हैं। यहाँ श्याम व श्वेत, दोनों, हैं। न केवल मैक्सीनी, अपितु चीनियों, कोरियाइओं, फिलीपीनियों और भारतीयों सहित एशियाई यहाँ के निवासी हैं। इसीलिए, यह नगर, वास्तव में, एक लघु विश्व है।

अपने बचपन के दिनों से अनेक बार मैने अपने ग्राम के दो व्यक्तियों अथवा दो व्यक्ति-समूहों के मध्य झगड़े होते देखे। कई बार मैने छोटे झगड़ों को साम्प्रदायिकता के रंग में रंगते हुए भी देखा। उनमें अनेक ग्रामीणजन घायल हो जाते थे और ऐसी स्थिति में मामले स्थानीय पुलिस के पास पहुँच जाते थे। ऐसी स्थिति, तो भी, कम ही उत्पन्न होती थी। अधिकांश मामलों में संलग्न पक्ष एक ही रात्रि

व्यतीत होने पर प्रायः ठण्डे हो जाते थे। प्रभावित व्यक्ति-समूह अपने क्रोध पर नियंत्रण पाते हुए किसी मान्य समझौते पर या तो स्वयं ही पहुँच जाते थे अथवा ग्राम के कुछ सम्मानित व्यक्ति उनके मध्य समझौता करा देते थे।

समय के साथ बढ़ते कदमों के मध्य मैंने एक ओर निकटवर्ती ग्रामों के व्यक्ति-समूहों के मध्य गम्भीर विवादों का संज्ञान लिया, तो दूसरी ओर दो ग्रामों के मध्य विवादों की बात भी सुनी। लेकिन उन ग्रामों के व्यक्ति-समूहों के मध्य भी विवादों व संघर्षों का अन्त सामान्यतः मेरे अपने गाँव की ही भाँति हुआ करता था; साथ ही दो ग्रामों के मध्य विवाद का पटाक्षेप विशेषतः दोनों ग्रामों के उन पाँच-पाँच चयनित सम्माननीय जनों, जिन्हें पंच कहा जाता था, के प्रयासों द्वारा होता था, जो एक निर्धारित स्थान पर एक साथ बैठते थे, विवाद के मूल में जाते थे और समय रहते ही दोनों ग्रामों को स्वीकार्य समझौता करा देते थे।

इस प्रकार के कुछ मामलों में ग्रामीणजन न्यायालयों की शरण भी लेते थे, क्योंकि उन्हें आशा रहती थी कि न्यायालय उनके पक्ष में अपना निर्णय दे सकेंगे। लेकिन भारत जैसे देश में वादों का न्यायालयों में निपटारा देरी से होता है; वहाँ दिनों में नहीं, महीनों तथा वर्षों में निर्णय होते हैं। सम्बद्ध पक्ष न्यायालयों की परिक्रमा करते-करते थक जाते हैं। इसलिए वे लोग आपसी वार्ताक्रम प्रारम्भ कर लेते थे, और कभी-कभी तो वार्ता के प्रथम चरण में ही उन्हें अनुभूति हो जाती

थी कि चूँकि न्यायालय का निर्णय उनकी आशा के अनुरूप होने की कोई प्रत्याभूति नहीं, इसलिए न्यायालय की शरण उनके लिए इस रूप में विशेष लाभकारी नहीं रहेगी।

मैं किशोरावस्था की ओर था। रेडियो, पत्रिकाओं और समाचारपत्रों के माध्यम से मुझे अपने देश के दो या दो से अधिक प्रान्तों के मध्य सीमा-सम्बधी विवादों अथवा नदियों के जल-बँटवारे को लेकर उभरे मतभेदों की सूचनाएँ प्राप्त होने लगीं। यद्यपि ये विवाद और मतभेद ग्रामीणों के मध्य के विवादों या दो ग्रामों के बीच के मतभेदों से भिन्न प्रकृति के थे, परन्तु इनका समाधान भी वार्ताक्रम व समझौतों द्वारा ही होता रहा।

तदोपरान्त राष्ट्रों के मध्य विवादों, संघर्षों व युद्धों की वास्तविकता को मैंने जाना; मैंने राष्ट्रों के मध्य समझौतों व सन्धियों, जो कि वार्ता-प्रक्रिया का परिणाम थीं, के सम्बन्ध में भी पढ़ा तथा जाना।

यही नहीं, विश्व-इतिहास के सैकड़ों पृष्ठों में मैंने पाया है कि वार्ताक्रम, समझौते और सन्धियाँ समस्याओं, विवादों और युद्धों के अन्त का प्राचीनकाल से चला आ रहा ढंग है; यही नियम है, और गाँधीवाद भी इससे न केवल सहमत है, अपितु समय और स्थान की परिस्थितियों की माँग के अनुरूप नया आयाम देते हुए, इसे अधिक कारगर और स्वीकार्य बनाता है। यह विशेषकर बड़े भू-भाग वाले जैक्सनविल नगर, जो सम्पन्न है तथा संयुक्त राज्य अमरीका की राष्ट्रीय गतिविधियों का केन्द्र है, जिसमें जनता के विभिन्न वर्ग

अपने-अपने विश्वासों और प्रथाओं के साथ रहते हैं के लिए महत्त्वपूर्ण है। यही नहीं, चूँकि जैक्सनविल में नया युवा नेतृत्वकारी वर्ग उभर रहा है, साथ ही वहाँ श्याम-श्वेत वर्ण के लोगों के मध्य सम्बन्ध यदा-कदा तनावपूर्ण होते प्रतीत होते हैं तथा हैसपैनी, गैय और एशियाई मूल के लोग तनाव का केन्द्र दीख पड़ते हैं, इसलिए गाँधीवाद वहाँ अति महत्त्वपूर्ण भी हो जाता है।

गाँधीवाद और संघर्ष-समाधान

मानव-जीवन के समस्त क्षेत्रों में तथा विभिन्न स्तरों पर विवादों और संघर्षों को सामान्यतः अपरिहार्य मानते हुए, गाँधीवाद इनके सौहार्दमय समाधान और रूपान्तरण का जन-आह्वान करता है। दूसरे शब्दों में, गाँधीवाद अहिंसक मार्ग से समाधान व रूपान्तरण पर बल देता है। चूँकि अहिंसा मानव-स्वभाव में स्थाई रूप से उपस्थित है, और यह सामाजिक गतिविधियों के संचालन का आधार है, इसलिए इसके आधार पर ही विवादों अथवा संघर्षों के समाधान व रूपान्तरण के लिए प्रथम कदम के रूप में व्यक्तिगत तथा सामूहिक आत्मचिन्तन और प्रयास आवश्यक है; बिना मूल कारण को जाने समस्या या संघर्ष का स्थाई समाधान या रूपान्तरण सम्भव नहीं है। इसीलिए, प्रथम कदम के रूप में आत्मचिन्तन व प्रयास करने की तत्परता को आवश्यक बनाते हुए गाँधीवाद समस्यामुक्त और संघर्षमुक्त, भयमुक्त और शान्तिमय व्यवस्था का मार्ग प्रशस्त करता है।

आत्मचिन्तन कर समस्या या विवाद के मूल में जाने के उपरान्त वार्ताक्रम या संवाद, जिसके अन्तर्गत संलग्न पक्षों को अपना-अपना दृष्टिकोण रखने का पूरा-पूरा अवसर प्रदान किया जाता है, इस दिशा में दूसरा कदम है। यह कदम अतिमहत्त्वपूर्ण है। इसीलिए, कई बार यही कदम अन्तिम सिद्ध होता है। समस्या का इसी कदम के साथ समाधान हो जाता है। इस कदम का इस सम्बन्ध में निष्कर्ष निम्न प्रकार से होता है:

1. दोषी पाए जाने वाले व्यक्ति अथवा व्यक्तियों, या पक्ष को क्षमायाचना के लिए कहा जाता है। यदि ऐसा करना स्वीकार कर लिया जाता है, तो समस्या या विवाद का समाधान हो जाता है; संघर्ष रूपान्तरित हो जाता है; तथा

2. दोषी को क्षमायाचना के अतिरिक्त, पीड़ित पक्ष को क्षतिपूर्ति के लिए भी कहा जाता है। यदि इसे स्वीकार कर लिया जाता है, तो विवाद या संघर्ष स्थाई रूप से समाप्त हो जाता है।

यदि झगड़ा गम्भीर हो, कोई घायल हो गया हो, अथवा किसी का जीवन चला गया हो, तथा मामला पुलिस तक भी पहुँच गया हो, तब भी, आत्मचिन्तन करने व समस्या के मूल में जाकर वार्ताक्रम प्रारम्भ होने में अपेक्षाकृत अधिक समय लगने के बावजूद, उक्त प्रक्रिया द्वारा समाधान सम्भव है। ऐसे में मध्यस्थ को आमंत्रित भी किया जा सकता है।

व्यक्तिगत अथवा सामुदायिक स्तर पर विवादों के समाधान या संघर्षों के रूपान्तरण का यही साधारण प्रकृति वाला गाँधीवादी मार्ग है; इसे, जैसा कि मैं अनेक अवसरों पर सामान्यतः और फ्लोरिडा में विशेषतः कह चुका हूँ, राष्ट्रीय और अन्तर्राष्ट्रीय स्तर पर भी इस सन्दर्भ में अपनाया जा सकता है।

साधारण होने के कारण गाँधीवादी मार्ग हलका प्रतीत हो सकता है। इसे श्रेष्ठ न माने जाने की भूल भी की जा सकती है। लेकिन वास्तव में यही आज सर्वाधिक प्रासंगिक है। ऐसा इसलिए, क्योंकि यह 'मानव-एकता' में विश्वास करता है, और जब इस एकता को दिन-प्रतिदिन के व्यवहारों अथवा गतिविधियों में अनुभव किया जाता है, तो इससे निश्चिततः टकराव की स्थिति निम्न स्तर की ओर जाती है। आज जीवन के प्रत्येक क्षेत्र में, पहले से अधिक प्रतिस्पर्धा के बावजूद, अपनी-अपनी प्रथाओं, परम्पराओं एव विश्वासों के साथ लोग साथ-साथ रहकर सहयोग की भावना को बढ़ा रहे हैं। शिक्षा, सार्वजनिक जागृति और विकास के बल पर विश्व के नागरिक दिन-प्रतिदिन एक-दूसरे के निकट आ रहे हैं। आज बहुत बड़ी संख्या में लोग यह वास्तविकता स्वीकारते हैं कि एकाकी स्थिति प्रगति के मार्ग पर बढ़ते हुए अब किसी काम की नहीं है। वे यह भी जानते है कि जीवन के प्रत्येक क्षेत्र में सहयोग अब अपरिहार्य है। इसीलिए लोग 'मानव-जीवन' की एकता को सैद्धान्तिकः रूप से ही नहीं, अपितु व्यावहारिक रूप से भी स्वीकार कर रहे हैं।

अशासकीय संगठनों और शिक्षण संस्थाओं की भूमिका

अब, जब बड़ी संख्या में लोग 'मानव-एकता' की वास्तविकता से साक्षात्कार कर रहे हैं, तो ऐसे में विवादों-समस्याओं के अहिंसक मार्ग द्वारा समाधान, या दूसरे शब्दों में स्थापित कानून-व्यवस्था की परिधि के भीतर गाँधीवादी मार्ग द्वारा संघर्षों का रूपान्तरण पहले से अधिक सरल हो गया है। इतना ही नहीं, शिक्षण संस्थाएँ, अशासकीय संगठन और मानव-कल्याण की चाह रखने वाले सभी लोग आमजन में सहयोग-भावना बढ़ाने हेतु प्रमुख भूमिका का निर्वाह कर सकते हैं। वे सर्वधर्म समभाव के सन्देश का प्रसार कर सकते हैं, जो महात्मा गाँधी के अनुसार भी "विभिन्न धर्म-सम्प्रदायों, एवं विश्वासों को एकताबद्ध करने के लिए आवश्यक है",[5] और जो जैक्सनविल जैसे साक्षर लोगों के नगर में सामान्य हित-प्राप्ति की दृष्टि से महत्त्वपूर्ण भी है।

विशेषकर शिक्षा-प्रसार के समय शिक्षण संस्थाओं का आह्वान 'कि संघर्षों द्वारा स्थाई रूप से कुछ भी प्राप्त नहीं हो सकता तथा केवल सहयोग से ही विकास सम्भव है, और यदि प्रगति के मार्ग में कोई बाधा उत्पन्न होती है, तो उसे अहिंसक ढंग से दूर किया जा सकता है', महत्त्वपूर्ण और श्रेयस्कर सिद्ध हो सकता है। साथ ही संस्थाओं का यह आह्वान भी 'कि यदि संघर्षों के कारण धन-सम्पत्ति की हानि होती है, यदि जन-हानि होती है, तो वह अन्ततः मानवता की हानि है', जनता को श्रेष्ठ-सन्देश दे सकता है।

ये वैश्वीकरण के दिन हैं। किसी-न-किसी रूप में अब सब कुछ साँझा प्रतीत होता है। समस्त स्तरों पर एक-दूसरे पर निर्भरता इतनी अधिक हो गई है कि कोई भी दूसरों से अलग-थलग रहकर प्रगति नहीं कर सकता; वह ऐसी सोच रखते हुए कोई पग लक्ष्य-प्राप्ति की दिशा में नहीं उठा सकता। अनेक युवा आज इस वास्तविकता को स्वीकार करते हैं। मैं ऐसे ही एक युवा को यहाँ उद्धृत करना चाहूँगा; वह युवक 2001 ईस्वी में स्पेन में कुछ समय के लिए मेरा छात्र भी रहा था। उसका कहना हैः

"हम स्पष्टतः देख सकते हैं कि अब हम एकताबद्ध होते विश्व में रह रहे हैं; जिसमें एक-दूसरे से अलगाव की स्थिति में कोई नहीं रह सकता; तथा कोई भी परिवर्तन से प्रभावित हुए बिना भी नहीं रह सकता। इसलिए परस्पर सहयोग की भावना का विकास, जिसमें सहनशीलता हो, जो राष्ट्रीयता और उच्च समझ से भरपूर हो, न केवल महत्त्वपूर्ण है, अपितु आवश्यक भी है।"[6]

इस नई परिस्थिति में जनता को अहिंसा एवं अहिंसक गतिविधियों से अवगत करना पूर्व से अधिक सरल है; मुझे आशा है कि शिक्षण संस्थाएँ इस महत्त्वपूर्ण तथा समयानुकूल कार्य की पूर्ति हेतु आगे आएँगी।

गाँधी-विचार सिद्धान्त और व्यवहार, दोनों रूपों में, हमारे समक्ष हैं। इन्हें अपनी पाठशालाओं, विद्यालयों, महाविद्यालयों तथा विश्वविद्यालयों के पाठ्यक्रमों में सम्मिलित करने के अतिरिक्त,

अपनी दैनिक व्यक्तिगत और सामूहिक गतिविधियों में भी हम अपनाएँ। ऐसा करने से हम प्राचीनकाल से चले आ रहे शाश्वत 'अहिंसा-नियम' का अनुसरण करेंगे, जो सर्वकल्याणकारी है; साथ ही ऐसा करके हम "बुराई के बदले अच्छाई"[7] जैसे उच्च-नैतिक कर्तव्य का पालन करेंगे। इतना ही नहीं, 'मानव-जीवन की एकता' की वास्तविकता को स्वीकार करते हुए हम प्रेरक सिद्ध होंगे और 'सभ्यताओं के मध्य संघर्ष' के विचार को अमान्यकर्ता के रूप में सामने आएँगे। हम बलिदान-रूपी आभूषण को ग्रहण भी करेंगे, जो मानव-जीवन की शोभा है, तथा जिसके सम्बन्ध में महात्मा गाँधी ने कहा है:

"अनेक कारण हैं, जब मैं जीवन-न्यौछावर करने को तैयार हो सकता हूँ, लेकिन ऐसा एक भी कारण नहीं है, जब मैं दूसरे का जीवन लेने की बात कर सकता हूँ।"

गाँधावादी मार्ग कल्याणकारी है। यह प्रासंगिक है। यह, जैसा कि उल्लेख किया है, समस्या, संघर्ष या विवाद से सम्बद्ध सभी पक्षों को 'जय-जय' की स्थिति में ले जाता है। यह जय-पराजय की भावना से ऊपर उठाकर सन्तोष प्रदान करता है; यह स्थाई समाधान देता है।

सन्दर्भ

1. यंग इण्डिया, 8 अगस्त, 1920
2. उपरोक्त।
3. उपरोक्त।

4. वही उपरोक्त (इस सम्बन्ध में उन्होंने यह भी कहा है, "अपने इस नियम के अन्तर्गत कार्य करते हुए किसी व्यक्ति के लिए यहाँ तक सम्भव है कि वह अन्यायी साम्राज्य की सत्ता को अकेले ही झुकाते हुए अपने-अपने धर्म व अपनी आत्मा की रक्षा कर सकता है, एवं साम्राज्य की नींव को हिला सकता है।")

5. बीसवीं शताब्दी के अन्त पर .... पृष्ठ 2

6. महात्मा गाँधी अन्तर्राष्ट्रीय संघर्षों के समाधान में ... बीसवीं शताब्दी के... पृष्ठ 35 से उद्धृत।

7. उपरोक्त, पृष्ठ 13

प्रयुक्त पुस्तक सूची

– एम० के० गाँधी, यंग इण्डिया साप्ताहिक, खण्ड-2 (1920), नवजीवन, अहमदाबाद (भारत) द्वारा पुनर्मुद्रण, 1984

– रवीन्द्र कुमार, अहिंसा और इसका दर्शन, डायनामिक पब्लिकेशंस लिमिटेड, मेरठ, उत्तर प्रदेश (भारत), 2003

– रवीन्द्र कुमार, ऐसेज ऑन गाँधीज्म एण्ड पीस, कृष्णा पब्लिकेशंस, मेरठ, उत्तर प्रदेश (भारत), 1999

– रवीन्द्र कुमार, बीसवीं शताब्दी के अन्त पर महात्मा गाँधी, अनमोल पब्लिशिंग हाउस, नई दिल्ली (भारत), 2004

– रवीन्द्र कुमार, टुवर्ड्स पीस, ज्ञान पब्लिशिंग हाऊस, नई दिल्ली (भारत), 2007

– रिचर्ड ग्रेग, द पॉवर ऑफ नान-वायलैंस, सोकन बुक्स, न्यूयार्क (संयुक्त राज्य अमरीका), 1959

– लुइस फिशर, द लाइफ ऑफ महात्मा गाँधी, कोलियर बुक्स, टोरन्टो (कनाडा), 1969

परिशिष्ट

"मेरे लिए धर्म का अभिप्राय सत्य और अहिंसा है, अथवा किसी सीमा तक केवल सत्य ही है, क्योंकि सत्य में अहिंसा भी सम्मिलित है; अहिंसा, सत्य की खोज हेतु अनिवार्य साधन है।"

—महात्मा गाँधी

1

''प्रजातंत्र के खतरे''

''मनुष्य-स्थापित कोई भी संस्था ऐसी नहीं है, जिसमें खतरा न हो। संस्था जितनी बड़ी होगी, उसके दुरुपयोग की सम्भावनाएँ भी उतनी ही अधिक होगी। लोकतंत्र एक बड़ी संस्था है, इसलिए इसका बड़ा दुरुपयोग भी हो सकता है। फिर भी प्रजातंत्र से बचना कोई समाधान नहीं है; समाधान दुरुपयोग की सम्भावना को न्यून करने में है।

''कांग्रेस एक विशाल जनतांत्रिक संस्था बन चुकी है। गत बारह महीनों के दौरान यह उच्च स्थिति को छू चुकी है। नियमित रूप से सूचीबद्ध न किए जाने के बावजूद लाखोंजन इससे जुड़े तथा उन्होंने इसकी कीर्ति में वृद्धि की। लेकिन इसमें गुंडावाद का भी पहले से कहीं अधिक प्रवेश हुआ है। यह अपरिहार्य था। संघर्ष के अन्तिम चरणों के दौरान स्वयंसेवकों के चयन के लिए निर्धारित नियमों को व्यावहारिक रूप से एक ओर रख दिया गया। परिणामस्वरूप गुंडावाद ने स्वयं अपनी उपस्थिति दर्शाई। कुछ काँग्रेंसजन को माँगी गई धनराशि न देने की स्थिति में बुरे परिणाम भुगतने की धमकी दी गई। निस्सन्देह व्यावसायिक गुंडों ने इस स्थिति का लाभ उठाते हुए अपने व्यवसाय का खेल खेला।

''आश्चर्य इस बात का है कि बड़ी जन चेतना-सम्बन्धी जो मामले मेरे मस्तिष्क में हैं, उनकी साधारणतः तुलना नहीं की जा

सकती; और मेरा दृढ़-विश्वास है कि इस सुखद स्थिति के मूल में काँग्रेस का अहिंसा-धर्म है, भले ही हमने इसका पूर्णतः पालन नहीं किया है। लेकिन गुंडावाद के पर्याप्त भाव ने हमें सावधान होकर निवारक उपाय करने का समय भी दिया है।

"जो उपाय मेरी समझ में आते हैं, वे स्वाभाविक हैं और निश्चिततः उनके द्वारा अहिंसा को वैज्ञानिक ढंग से, बुद्धिमत्तापूर्वक एवं अनुशासन के साथ लागू किया जा सकता है। सर्वप्रथम, यदि हम अहिंसा में दृढ़-विश्वास रखते हैं तो जैसा कि हमने दिखाया है, ऐसी एक भी स्त्री या पुरुष स्वयंसेवक के रूप में भर्ती नहीं हुआ, जो नियमों का पालनकर्ता न हो। इस बात का कोई उत्तर नहीं हो सकता कि अन्ततः पूर्ण नियम-पालनकर्ता कोई स्वयंसेवक नहीं मिलेगा और इस प्रकार भर्ती ही असफल रहेगी। मेरा अनुभव मुझे इसके विपरीत सीख देता है। एक सत्याग्रही के साथ रहने पर भी अहिंसक युद्ध कर पाना सम्भव है। लेकिन यह, अर्थात अहिंसक लड़ाई लाखों गैर-सत्याग्रहियों के साथ रहने पर भी नहीं लड़ी जा सकती। और, मैं बिना किसी हानि के अहिंसक संघर्ष में पूर्ण विफलता का स्वागत करूँगा, बजाए इसके कि मैं इससे दूर हटूँ, तथा इसके बल पर कोई शंकास्पद सफलता पाने का प्रयास करूँ। जहाँ तक अहिंसा का सम्बन्ध है, इसकी कीमत पर कोई समझौता किए बिना ही मैं आगे बढ़ूँगा, क्योंकि ऐसा न करने की स्थिति में अन्ततः मुझे घोर विनाशकारी संकट ही दीख पड़ता है। ऐसी शोचनीय स्थिति में हम अहिंसक कवच को भारी अनुभव कर सकते हैं, अहिंसा से अनुपस्थित

हो सकते हैं, और अचानक अपने समक्ष अव्यवस्था का घेरा बना लेने वाली शक्तियों के समक्ष लाचार बन सकते हैं।

"लेकिन मनमानी भर्ती की त्रुटि को अहिंसक मार्ग से हम किस प्रकार सुधार सकते हैं? अहिंसा का अभिप्राय उच्चस्तरीय साहस है। इसीलिए कष्ट उठाने की तैयारी रखनी चाहिए। तथा, कुछेक योग्यतम् के जीवन की हानि के बावजूद भी बुराई, दबाव अथवा झूठ के समक्ष आत्मसमर्पण नहीं चाहिए। धमकीभरे पत्र लिखने वालों को अनुभूति करानी चाहिए कि उनकी धमकियों की चिन्ता नहीं की जाएगी। लेकिन साथ ही उनके रोग का उचित ढंग से उपचार भी किया जाना चाहिए। गुंडे भी हमारा ही अंश है; इसीलिए उनके साथ भी सहानुभूतिपूर्वक और मानवीय ढंग से व्यवहार किया जाना चाहिए। सामान्यतः जनता गुंडावाद का प्रेम से प्रतिकार नहीं करती। यह राजनीतिक ढाँचे में गहराई तक जड़े जमाए बैठी बीमारी के समान है। गुंडावाद के सम्बन्ध में जो नियम हम सरकारी स्तर अपनाते हैं, वही नियम आन्तरिक गुंडावाद से निपटने के सम्बन्ध में भी लागू होना चाहिए। यदि हम अनुभव करें कि बड़े पैमाने पर संगठित गुंडावाद का सामना अहिंसक ढंग से करें, तो इसी ढंग से आन्तरिक गुंडावाद के साथ निपटने की क्षमता हम क्यों न अनुभव करें?

"इसका अर्थ यह हुआ कि गुंडावादरूपी रुग्णता से युद्ध विराम के समय निपटने के लिए खुले विकल्प के बावजूद हम पुलिस की सहायता नहीं लेंगे; दूसरे शब्दों में, काँग्रेसजन गुंडों से दूसरे नागरिकों

की भाँति व्यवहार करना चाहेंगे। मैंने जो मार्ग सुझाया है, वह सुधार, प्रेम व परिवर्तन की भीतियों से होकर जाता है। पुलिस सहायता का मार्ग दण्ड, भय, असन्तोष तथा अप्रेम की नीतियों से गुज़रता है। इस प्रकार दो मार्ग हैं; दोनों साथ-साथ नहीं पकड़े जा सकते। सुधार-मार्ग किसी-न-किसी स्तर पर कठिन प्रतीत होता है, लेकिन वास्तव में यही मार्ग सरल है।''

2

''धार्मिक शिक्षा''

''मेरे लिए धर्म का अभिप्राय सत्य और अहिंसा है, अथवा किसी सीमा तक केवल सत्य ही है, क्योंकि सत्य में अहिंसा भी सम्मिलित है; अहिंसा सत्य की खोज हेतु अनिवार्य साधन है। इसीलिए, जो इन गुणों का विकास करता है, वह धार्मिक शिक्षा का साधन है, और इस हेतु मेरी-दृष्टि से श्रेष्ठ मार्ग शिक्षकों द्वारा स्वयं इन गुणों को कड़ाई के साथ अपने व्यवहारों में उतारना है। क्रीड़ा-मैदान में अथवा कक्षा में अध्यापकों की छात्रों से सम्बद्धता, इस प्रकार, उक्त गुणों की उपस्थिति में, शिक्षार्थियों को इन मूल गुणों का अच्छा प्रशिक्षण देगी।

''धार्मिक शिक्षा इतनी महत्त्वपूर्ण है... (इसलिए) धार्मिक शिक्षा के पाठ्यक्रम में अपने अतिरिक्त अन्य धर्मों के सिद्धान्तों का अध्ययन भी सम्मिलित होना चाहिए। इसके लिए विद्यार्थियों को ऐसी

शिक्षा दी जानी चाहिए, जिसके अन्तर्गत वे संसार के विभिन्न महान धर्मों के सिद्धान्तों को आदर के साथ उदारतापूर्वक तथा सहनशीलता की भावना को ऊपर रखते हुए, उन्हें समझने की आदत डालें। यदि समुचित रूप में यह कार्य किया जाता है, तो (निश्चिततः) इससे उनमें आध्यात्मिक विकास की सम्भावना बढ़ेगी और (साथ ही) स्वयं अपने धर्म को जानने का अच्छा अवसर मिलेगा। नियम तो केवल एक ही है, लेकिन जब विभिन्न महान धर्मों का अध्ययन किया जा रहा हो, तो मस्तिष्क में यह बात रहनी चाहिए कि ऐसा सम्बद्ध धर्मों के प्रसिद्ध व समर्पित विद्वानों की रचनाओं के माध्यम से ही हो। उदाहरणार्थ, यदि कोई भागवद् का अध्ययन करना चाहता है, तो उसे किसी निराश आलोचक द्वारा प्रस्तुत इसके अनुवाद के माध्यम से ऐसा नहीं करना चाहिए। उसे चाहिए कि वह भागवद् के किसी प्रेमी द्वारा प्रस्तुत कार्य के माध्यम से ही ऐसा करे। समानतः बाइबिल का अध्ययन इसे समर्पित किसी टिप्पणीकार के कार्य के माध्यम से ही करना चाहिए। अन्य धर्मों का ऐसा अध्ययन व्यक्ति को समस्त धर्मों की मौलिक एकता को समझने योग्य बनाता है; तथा वह सार्वभौमिक और सम्पूर्ण सत्य को, जो विश्वासों और पथों की छाया से परे है, झलक पाने में सक्षम करता है।

''क्षणभर के लिए भी किसी के मस्तिष्क में इस बात का भय नहीं रहना चाहिए कि अन्य धर्मों के अध्ययन से उसके अपने (धर्म के) विश्वास में कमी आएगी। हिन्दू-दर्शन समस्त धर्मों में सत्य के

अंश होने की बात स्वीकारता है; वह सभी के प्रति आदर-भाव रखता है। इसलिए, निश्चिततः अपने धर्म में विश्वास इस हेतु आवश्यक शर्त है। अन्य धर्मों का अध्ययन और आदर अपने धर्म के प्रति आदर में कमी नहीं करता; इसमें तो केवल अन्य धर्मों के प्रति आदर प्रकट करने की ही बात है।

"इस सम्बन्ध में धर्म भी संस्कृति की ही भाँति खड़ा होता है। जैसे किसी की अपनी संस्कृति के बचाव का अर्थ दूसरों की संस्कृति का तिरस्कार नहीं होता, अपितु अन्य संस्कृतियों में विद्यमान श्रेष्ठताओं को अपना लेना होता है, उसी भाँति धर्म को समझना चाहिए। हमारा वर्तमान भय व आशंका उस विषैले वातावरण का परिणाम हैं, जो इस देश में निर्मित हो गया है, जिसमें आपसी द्वेष है, जो बुराई तथा अविश्वास से भरा हुआ है। हम एक भययुक्त वातावरण में कार्य कर रहे हैं; ऐसा नहीं होना चाहिए कि वह भय गुप्त रूप में कार्य करते हुए भीतर से हमारे अथवा हमारे निकटतमों व प्रियजनों के विश्वास को भी खोखला कर दे। लेकिन ऐसी अस्वाभाविक स्थिति उस समय समाप्त हो जाएगी, जब हम अपने धर्मों व उनके अनुयाइयों के प्रति सम्माऩ-भावना व सहनशीलता विकसित कर लेंगे।"

●●●●

व्यक्ति-परिचय

आइजैक न्यूटन (1642-1727) :	महान गणितज्ञ, भौतिक शास्त्र के विद्वान और प्रसिद्ध वैज्ञानिक; गुरुत्वाकर्षण के सिद्धान्त की खोज के कारण प्रकृति के दार्शनिक के रूप में सम्पूर्ण यूरोप में श्रेष्ठ ख्याति प्राप्तकर्ता; कैम्ब्रिज विश्वविद्यालय में आचार्य नियुक्त (1661); ट्रिनिटि कॉलेज के फैलो के रूप में निर्वाचन (1667); गणित के लुकासिनी आचार्य के रूप में स्थापित हुए।
आइंसटीन अल्बर्ट (14 मार्च, 1879-18 अप्रैल, :	ज्यूरिक (जर्मनी) के प्रतिभावान आचार्य (1909); कैसर विल्हेम भौतिकी संस्थान के निदेशक तथा बर्लिन विश्वविद्यालय में आचार्य (1914); थियारिटि भौतिकी के प्रिंसटन में आचार्य; विश्व-सरकार आन्दोलन के, जो द्वितीय विश्वयुद्ध-उपरान्त प्रकाश में आया, अग्रणी समर्थक के रूप में उभरे।
जीवतराम भगदास कृपलानी (1888-1982) :	प्रसिद्ध बुद्धिजीवी, गाँधीवादी विद्वान और समाजवादी, पर्यावरणविद् तथा स्वाधीनता-सेनानी, 1946 ईस्वी में मेरठ में आहूत भारतीय राष्ट्रीय काँग्रेस के महाधिवेशन में अध्यक्ष चुने गए।
ड्यूक ऑफ विलिंगटन अथवा वेलेस्ली (1769-1852) :	इंग्लिश-आइरिश सेनापति, राजनीतिज्ञ एवं वाटरलू युद्ध के विजेता; आयरलैण्ड के प्रमुख सचिव के रूप में नियुक्त (1801); दो बार ग्रेट ब्रिटेन के प्रधानमंत्री बने।
नेल्सन रोलिहलाहला मण्डेला (18 जुलाई, 1918) :	दक्षिणी अफ्रीका के वर्ण-भेद विरोधी नेता, जो मई,1994 एवं जून 1999 के मध्य की अवधि में दक्षिणी अफ्रीका के प्रथम निर्वाचित राष्ट्राध्यक्ष रहे; 'नोबेल शान्ति सम्मान' (1993) एवं भारत के सर्वोच्च नागरिक सम्मान 'भारत रत्न' से (1990) अलंकृत।

बनिग्नो (निनॉय) एक्विनो	:	प्रसिद्ध जननेता और प्रतिपक्षी सांसद, फिलीपीन्स की प्रथम महिला राष्ट्रपति (1986-1999) मरिया कोरोजॉन सुमलोंग कोजुआंगको (कोरी एक्विनो) के प्रति, जो 21 अगस्त, 1983 को एक आक्रमण के दौरान मारे गए।
माइकल ओ'डायर	:	पंजाब के उपराज्यपाल, जो 13 अप्रैल, 1919 को अमृतसर के जलियाँवाला बाग में हुए अमानवीय नरसंहार के लिए उत्तरदायी थे; नरसंहार में सैकड़ों निर्दोष भारतीय-पुरुष, स्त्रियाँ व बालक मारे गए थे; 13 मार्च 1940 को लन्दन में गोली का शिकार हुए।
मार्टिन लूथर किंग जूनियर (15 जनवरी, 1929-4 अप्रैल, 1968)	:	अफ्रीकी-अमरीकी नागरिक अधिकारों के लिए संघर्ष-कर्ताओं के नेता, राजनीतिक कार्यकर्ता, जिन्हें 1964 में नोबेल शान्ति सम्मान से अलंकृत किया गया; 4 अप्रैल, 1968 को मेमफिस, टेनेसी में गोली का शिकार हुए।
रोमां रोलां (29 जनवरी, 1866-30 दिसम्बर, 1944)	:	प्रसिद्ध फ्रांसीसी लेखक; 1915 में नोबेल सम्मान से अलंकृत; द्वितीय विश्वयुद्ध के उपरान्त शान्ति प्रकट-कर्ता उनके कार्य 'रवीन्द्रनाथ टैगोर और मोहनदास करमचन्द गाँधी के साथ वार्तालाप' अति प्रसिद्ध हुए।

●●●●